다시
시작하는

평생
독서법

다시 시작하는
평생 독서법

잘 고르고,
읽고,
쓰는 즐거움

김선영(글밥) 지음

더 퀘스트

차례

프롤로그_ 처음부터 다시 시작하자! 제대로 알고 평생 써먹는 독서법 ··· 7

1. "읽으면 좋다는 거 알면서"

당신이 책에 빠져들지 못했던 세 가지 이유 ··· 15
책 읽는 뇌는 이것이 다르다 ··· 20
지금 당장 요약본의 유혹을 뿌리칠 것 ··· 26
책도 급하게 많이 읽으면 체한다 ··· 31

2. 망망대해 서점 똑똑하게 탐색하기

자투리 시간을 활용한 서점 탐방 ··· 41
온라인 서점 구석구석 보물 찾기 ··· 46
리뷰 200% 활용하는 법 ··· 52
출판사 SNS는 일단 구독! ··· 58
책의 기본, 서지 정보 제대로 파악하기 ··· 63
작은 도시의 작은 책방이 가진 큰 매력 ··· 68
헌책방과 중고서점이라는 노다지 ··· 74

〈도끼 같은 책〉 잠재력을 가로막는 평균이라는 허상 ··· 78

3. 내가 즐거운, 내게 필요한 책은 어떻게 고를까

언제 책이 읽고 싶었는지 주된 니즈 찾기 ··· 85
목적이 분명할수록 좋은 책이 잘 보인다 ··· 88
베스트셀러는 한 가지가 아니다 ··· 94
추천 도서도 한 가지가 아니다 ··· 103
지식커뮤니케이터 200% 활용하는 법 ··· 110
독립출판물, 낯선 형식이 주는 생각의 전환 ··· 114
어린이책에서 찾은 뭉클한 삶의 깨달음 ··· 118
뮤지컬과 영화로 즐기고 원작 찾아보기 ··· 123
아침 낭송 루틴으로 마침내 시를 만났다 ··· 127

〈도끼 같은 책〉 **내가 나로 바로 살려면** ··· 132

4. 독서의 몰입도를 높여주는 작은 장치들

독서도 '장비발'이다 ··· 139
나에게 맞는 독서 스타일 찾기 ··· 144
나만의 한뼘 서재 꾸미는 법 ··· 151
매일 읽는 습관은 어떻게 만들어지는가 ··· 156
#오독완, 인증으로 완성하는 독서 고리 ··· 160
어느 다독가의 하루 ··· 165
전자책과 오디오북은 어떻게 읽으면 좋을까? ··· 170

페이지가 절로 넘어가는 독서 명당 ··· 175
책도 페어링해서 읽으면 효과 두 배 ··· 180

〈도끼 같은 책〉 행복에 가까워지는 습관 ··· 185

5. 잘 읽고 온전히 내 것으로 만드는 법

짧게 쓰고 문해력 챙기는 300자 독후감 ··· 191
작가의 세계관 단숨에 이해하기 ··· 197
독서 모임, 만나지 않아도 됩니다 ··· 202
어휘의 품격을 높여주는 단어장 만들기 ··· 207
손으로 그리면서 읽는 그림 독서 ··· 212
나는 AI와 책을 읽는다 ··· 217
태어난 김에 북튜버 ··· 224

〈도끼 같은 책〉 후회 없는 결정을 만드는 과정 ··· 229

에필로그_ 당신과 평생 함께할 독서를 꿈꾸며 ··· 234

프롤로그

처음부터 다시 시작하자!
제대로 알고 평생 써먹는 독서법

이 책을 집어 든 당신이 궁금합니다. '취미는 독서'라고 자신있게 말하고 싶은데 글자만 보면 집중력이 흩어지는 독서 입문자일까요. 아니면, 한 달에 한두 권이라도 꾸준히 책을 읽는 성실한 독서가일까요. 일상에 작은 겨를만 생기면 책부터 펼친다거나 일 년에 수십 권, 수백 권씩 섭렵하는 '독서의 신'일지도 모르겠습니다. 스스로 책과 얼마나 가까운 사이인지 확인해보세요.

책과 친한 사이
- 외출할 때는 항상 책(전자책 포함)을 챙긴다.
- 스마트폰에 독서 관련 앱(전자책, 온라인 서점, 독서 기록 도구 등)이 세 개 이상 깔려있다.

- 한 달에 한 번 이상 도서관/서점에 방문한다.
- 한 달에 한 권 이상 책을 산다.
- 한 달에 한 번 이상 책과 관련된 포스팅(독후감, 서평, 줄거리 요약 등)을 한다.

책과 서먹서먹한 사이

- 어떤 책을 읽어야 할지 몰라 주로 베스트셀러에서 고른다.
- 솔직히 돈 주고 책 사는 일은 아깝게 느껴진다.
- 30분 이상 스마트폰을 안 보고 책만 읽기는 힘들다.
- 대중교통에서는 주로 영상(TV, 유튜브, 넷플릭스, 숏폼)을 본다.
- 글이 너무 많거나 내용이 어려워 보이는 책은 일단 피한다.

어느 쪽에 체크 표시(V)가 더 많나요? 책과 아직 서먹서먹한 사이라면 이 책을 놓치지 말기 바랍니다. 그동안 방법을 잘 몰라서, 혹은 용기가 부족해서 미루었던 독서를 제대로 시작하는 계기가 될 테니까요. 《다시 시작하는 평생 독서법》은 독서의 기초부터 다시 세웁니다. 마감에 쫓겨 대충 지은 집은 1년만 지나도 비가 새고 벽에 균열이 가듯, 실패하는 독서에도 이유가 있습니다. 평생 할 독서라면 책을 고르는 첫 단계부터 다시 꼼꼼하게 챙겨야 합니다. 이 책은 수많은 독서법 책을 읽어도 여전히 방황하는 분께 건네는 '독서 매뉴얼'이자, 19년 차 글쟁이의 독서 에세이기도 합니다.

편집자에게 '기존의 독서법 책들보다 한 단계 앞의 책'을 쓰면 어떻겠냐는 제안을 받았을 때 처음엔 갸우뚱했습니다. 이미 시중에 문해력이나 독서법을 다룬 책이 수두룩했고, 책을 좋아하는 이라면 이미 기본을 알고 있지 않을까 하는 염려가 들었기 때문이죠. 책을 고르고 읽는 방법은 누가 알려주는 게 아니라 자연스레 습득하는 것이니까요.

그러나 누군가에게는 그조차 독서에 벽이 될 수 있다는 사실을 깨달았습니다. 저 역시 내가 원하는 책, 필요한 책을 고르는 노하우가 쌓이기까지 방황을 많이 했고, 문해력이 안정적으로 키워지기 전에는 어렵게 책을 읽어도 기억에 남는 게 별로 없었으니까요. 그렇다면 지금 있는 책들보다 좀 더 쉽고 친절한 책이 나와도 좋겠다고 생각했습니다. 한 사람이라도 독서의 즐거움을 포기하지 않도록 제 역할을 할 테니까요.

글쓰기와 문해력 수업을 하다 보면 자주 받는 질문이 있습니다. '좋은 책은 어떻게 골라야 하나요?' '작가님의 인생 책은 무엇인가요?'라는 물음인데요. 하루에도 수많은 책이 서점에 쏟아지는 데다 이 책도 좋고, 저 책도 좋다고 하니 도무지 어떤 책을 골라야 할지 막막한 것이지요.

정답은 없습니다. 제게 좋은 책이 누군가에는 별 볼 일 없을 수 있고, 저의 인생 책이라고 다른 사람에게도 감명 깊으란 법은 없으니까요. 좋은 책을 고르는 방법과 인생 책은 스스로 찾아야 합니다. 그러려면 많은 책을 읽어봐야 하겠죠. 그래야 어떤 책이 나와 잘 맞고 도움이 되는지, 또 어떻게 읽었을 때 나에게 하나라도 더 남는 독서가 되는지 깨달을 테니까요. 그 여정을 함께 해줄 든든한 친구가 되어주길 바라며 이 책을 썼습니다.

세상에는 책이 아니어도 즐길 거리가 넘쳐나는데 왜 굳이 책을 읽어야 할까요. 1장에서는 책을 통해 얻게 되는 구체적인 유익이 무엇인지, 책을 읽는 힘인 문해력은 어떻게 키워지는지, 어떻게 읽어야 바람직한지 살펴봅니다. 이를 통해 왜 꼭 책이어야 하는지, 여러분만의 답을 찾길 바랍니다.

2장에서는 망망대해 같은 서점에서 똑똑하게 책을 탐색하는 법을 소개합니다. 온오프라인 서점은 물론, SNS 북스타그램에서도 좋은 책을 건져낼 수 있습니다. 그러려면 책을 보는 안목을 키우고 요령도 있어야겠지요. 매일 책에 파묻혀 사는 저의 노하우를 아낌없이 풀어보겠습니다.

3장에서는 나를 업그레이드할 책 선택법을 다룹니다. 탐색법을 익혔다면 본격적으로 현장으로 나갈 차례입니다. 독서 목적에 꼭 맞는 책을 고르려면 다양한 경로를 알아두는 게 좋겠죠. 개성 있는 독립출판물과 어린이 책에도 기웃거려봅니다.

입체적이고 풍요로운 독서의 세계로 안내합니다.

4장에서는 읽기 근육을 단련하는 습관들을 알아봅니다. 독서는 운동처럼 하면 할수록 더 잘하게 됩니다. 독서가 덜 피곤하게 느껴지려면 장비의 힘을 빌려도 좋습니다. 나만의 서재를 꾸미면 더 자주 책을 들여다보게 되겠죠? 문해력을 높이는 짧은 독후감을 쓰는 법까지! 사소하지만 강력한 독서 습관을 차근차근 만들어봅니다.

마지막 5장에서는 한 번 읽은 책은 절대 잊히지 않는 아웃풋 독서법을 소개합니다. 책을 아무리 많이 읽어도 금세 잊어버리고 삶에 적용하지 못하면 무슨 의미가 있을까요. 무 비판적으로 수용하는 것이 아니라 버릴 것은 버리고 취할 것은 취하는 영리한 독서를 해야 합니다. 내 몸을 통과시켜 내 것으로 만드는 평생 독서법을 알려드립니다.

각 장이 끝날 때마다 쉬어가는 코너를 마련했습니다. 소설가 프란츠 카프카는 친구 오스카 폴락에게 쓴 편지에서 "한 권의 책은 우리 안의 얼어붙은 바다를 깨는 도끼여야 해"라고 말했습니다. 여기서 추천하는 책은 저에게 '도끼 같던 책'들입니다. 평소 가지고 있던 고정관념과 편견을 깨뜨렸고 그 덕분에 저의 세상이 한층 더 넓어졌습니다. 독서 입문자들도 읽기 좋은 책으로, 간단한 줄거리와 소감을 넣은 감상문입니다. 읽다 보면 절로 따라 읽고 싶은 마음이 들 거예요.

누구나 품격있는 교양인으로 살길 원합니다. 교양을 쌓는 데는 문화생활이 도움이 됩니다. 영화나 전시, 클래식을 감상하러 가기도 하죠. 하지만 물질과 시간의 제약이 있어 바쁜 현대인에게 진입 장벽이 높은 편입니다. 가성비와 접근성을 모두 만족하는 매체가 바로 '책'입니다. 언제든지 마음만 먹으면 닿을 수 있습니다. 게다가 책은 다른 매체로 이어주는 다리 역할도 합니다. 책을 읽다 보면 자연스레 또 다른 분야로 관심이 확장되기 때문입니다.

그저 책이 좋아서, 문해력을 키우고 싶어서, 교양인이 되고 싶어서. 목적이 무엇이든 다른 즐길 거리를 모두 제치고 책에 관심을 기울이는 당신은 귀한 사람임이 분명합니다. 책은 무미건조한 일상에 생기를 불어넣습니다. 사고를 유연하게 만들고 지적 호기심을 충족시켜주며 더 넓은 세계를 경험하게 합니다. 당신이 꽃길보다는 '책 읽는 길'을 걸었으면 합니다. 꽃길은 계속 걷다 보면 지루할 수 있어도 책은 그럴 리 없을 테니까요.

2025년 여름, 책 길 어귀에서
김선영

당신이 책에 빠져들지 못했던 세 가지 이유

입소문을 탄 곳보다 숨겨진 보석 같은 장소가 각광 받는 요즘이다. 트렌드에 뒤처질까 봐 노심초사하면서도 남들과 다르다는 기분도 느끼고 싶다. 이러한 이중적인 심리가 독서 시장에도 영향을 미친 것일까. 책을 읽는 사람이 귀해지면서 텍스트힙이라는 새로운 현상이 등장했다. 젊은 세대에 독서가 트렌디한 취미로 떠오른 모양이다. 연예인의 공항 패션뿐 아니라 '공항 책'이 화제가 되는가 하면, 정성스레 찍은 책 표지 사진을 SNS에 올리는 방식으로 자신의 취향을 드러내기도 한다. 디지털 문화에 질린 사람들이 다시 아날로그로 관심을 돌리는 현상이라는 분석도 있다.

이유야 어쨌건, 영상의 시대에 다시금 책이 주목받고 있다니 환영할 만한 소식이다. 그런데 이와는 별개로 성인 종합독서율은 해가 갈수록 줄고 있다. 문체부에서 실시한 국민 독서실태조사에 따르면 성인 연간 종합독서량은 2019년 7.5권에서 2021년 4.5권, 2023년에는 3.9권으로 계속 하락세다. 책은 사지 않고 인증 사진만 찍고 나가버리는 일부 손님들 때문에 독립 서점 주인들의 한숨이 깊어진다.

책을 읽는 지적인 사람처럼 보이고 싶은데 막상 책 읽기는 싫다. 아니, 읽고는 싶은데 안 읽힌다. 빽빽한 활자를 마주하면 금방 피로해지고 이해가 잘 안 되니 내려놓게 된다. 독서에 10분 이상 집중하기가 어렵고 자꾸 딴생각으로 빠진다. 남들은 좋다는 책이 나는 이해가 가지 않으니 조바심이 들고 답답하다. 결국 위로와 안식을 주는 가벼운 책 위주로 고르게 된다. 다양한 분야의 깊이 있는 책도 즐기고 싶은데 문해력이 따라주지 않으니 속상하다. 무엇이 문제일까.

1. 수준에 맞지 않는 책

나의 문해력 수준보다 너무 어려운 책을 골랐을 때는 모르는 어휘들이 계속 걸림돌이 되고 맥락 파악에 지쳐 독서를 이어가기 힘들다. 남들이 읽는다고, 베스트셀러라고 무조건 따라야 할 이유는 없다. 버거운 책을 붙잡고 있다가 포기하기를 반복하다 보면 독서 자체에 부정적인 인식이 생겨 의욕마저 떨어진다.

너무 수준이 낮아도 흥미가 식는다. 독서에 아직 익숙하지 않다면 관심 있는 주제의 입문서로 시작하면 적당하다. 수준에 맞는 책으로 완독 경험을 몇 번 쌓다 보면 작은 성취의 기쁨이 다음 독서로 끌고 간다. 점진적으로 문해력도 좋아진다.

2. 틈새 시간 낭비

시간 확보도 중요하다. 누구나 하루 동안에 꼭 해야 할 일들이 있다. 직장인이라면 보통 오전 9시부터 오후 6시까지는 꼼짝없이 회사 업무를 해야 하고, 전업주부라면 아이 챙기고 밀린 집안일을 하다 보면 어느새 해가 떨어져 저녁을 준비할 시간이다. 일과 살림 둘 다 하는 워킹맘, 워킹대디의 삶은 말할 것도 없다. 바쁜 일을 먼저 처리하다 보니 책 읽기는 늘 뒷전이 되기 쉽다. 당장 안 해도 특별한 탈이 생기지 않으니 말이다.

하지만 책을 읽는 사람은 한가해서 읽는 게 아니다. 오히려 시간을 쪼개서 쓸 만큼 바쁜 사람들이 책 읽기에 더 적극적이다. 매일 똑같이 24시간이 주어진다. 차이는 시간에 끌려다니

느냐, 시간을 경영하느냐이다.(독서를 하기 위해 잠을 줄이라고 권하고 싶진 않다)

틈새 시간을 이용한 독서가 가장 현실적이다. 흘려보내기 쉬운 이동 시간을 놓치지 말자. 나는 웬만해서는 자동차를 끌지 않는데, 운전이 두려운 까닭 외에도 대중교통을 타면 양손이 자유로워 책을 읽을 수 있기 때문이다. 처음에는 익숙하지 않았다. 일상에 치이다 보면 이동 시간만큼이라도 쉬고 싶은 게 사람 마음 아닌가. 능동적으로 노력을 기울여야 하는 독서보다는 멍하니 정신을 놓고 보는 영상이 더 끌렸다. 하지만 이 시간 아니면 책을 따로 읽을 시간이 별로 없다는 사실을 상기했다. 스마트폰은 이동 중이 아니더라도 언제든 틈틈이 볼 수 있지만 책은 조금 더 긴 호흡이 필요하니까. 그래서 20분 이상 대중교통을 타게 되는 날에는 반드시 책을 챙긴다. 독서에 재미를 붙이면 특별히 의식하지 않아도 스마트폰을 챙기는 것처럼 외출할 때마다 책을 챙기게 된다.

3. 집중력이 줄줄 새는 독서 환경

TV가 바보상자라면 스마트폰은 화수분이다. 손가락만 까딱하면 재미있고 신기하고 귀여우며 먹음직스러운 영상이 무한하게 생성된다. 단 10초 만에 무거운 눈꺼풀도 번쩍 들어 올릴 만큼 각성 효과가 세다. 반면 독서는 빠져드는 데 시간이 좀 걸린다. 이를 못 참고 스마트폰에 눈길을 주면 다시 책에 집중하기까지 소요 시간은 더 늘어난다. 자꾸만 흐름이 끊기니 책에 온전히 몰입하지 못한다. 100도에 도달하지 못해 충분히 끓지 못하는 것이다.

'책에만 집중해야지' 하며 굳게 결심한다고 되지 않는다. 의지를 백 번 다지기보다 집중력이 깨지지 않는 환경을 조성하는 것이 더 효과적이다. 스마트폰의 유혹에 약하다면 책을 읽는 동안에는 외부 공간으로 치워둔다. 무음 모드로 책상에 엎어두어도 소용없다는 것은 이미 잘 알고 있을 것이다. 시선을 빼앗는 물건은 눈에 안 보이게 미리 치워두어야 줄줄 새는 집중력을 막을 수 있다.

적용하기

1. 내가 느끼는 나의 문해력 수준은 어느 정도인가?
   1(입문자) – 2(초보자) – 3(중급자) – 4(상급자) – 5(고수)
2. 나에게 책을 읽기 가장 좋은 장소는 어디인가?
3. 하루 중 책 읽기 좋은 시간대는 언제인가? 구체적으로 써보자
   (예: 아침 6시~6시 30분)

책 읽는 뇌는
이것이 다르다

운동에서 가장 힘든 단계는 옷을 갈아입고 현관문 밖으로 나가는 일이다. 겨우 마음을 다스려 헬스장 앞에 도착해도 몸이 풀리기 전까지는 기분이 떨떠름하다. '무슨 부귀영화를 누리겠다고 이 시간에 운동이라니' 하는 부정적인 감정이 꿈틀거린다. 하지만 점점 몸이 달아오르고 동작에 집중하다 보면 숨어 있던 활력이 샘솟는다. 제법 재미있기도 하다. 창과 방패의 싸움처럼 '하기 싫다'와 '해야 한다'가 다투는 동안 어느새 한 시간이 훌쩍 흘러 있다.

운동한 시간이 쌓이고 근육이 붙으면 평소에는 기운을 잡아먹던 일들이 간단해지는 날이 온다. 계단을 올라가도 숨이 차지 않는다. 무거워서 끙끙거리던 화분을 번쩍 들어 올리고 물병 뚜껑을 아무렇지 않게 돌려서 딴다. 아침에 일어나는 일이 예전처럼 피곤하지 않다. 운동의 생활 효과를 느끼면 누가 시키지 않아도 운동하러 간다. 재미와 가치를 깨달은 것이다. 결국 운동을 즐기게 된다.

독서에 익숙해지는 과정도 이와 비슷하다. 스마트폰 대신 책을 집어 드는 일이 가장 어렵다. 막상 읽으면 재미있어서 술술 읽히는 책도 있지만, 내용이 복잡하거나 낯선 개념이 등장하면 책장을 덮고 싶다. 조금만 더 읽어볼까 하는 마음과 스마트폰을 보고 싶은 마음이 경쟁한다. 이 경쟁에서 독서가 자주 승리한다면 문해력이라는 인생의 귀한 선물을 얻게 된다.

인생의 귀한 선물, 문해력

문해력이 왜 인생의 귀한 선물일까? '세계 문해의 날'을 지정한 유네스코UNESCO에서는 문해력을 "다양한 맥락과 연관된 인쇄 및 필기 자료를 활용해 정보를 찾아내고, 이해하고, 해석하고, 만들어내고, 소통하고, 계산하는 능력"이라고 정의하고 있다. 즉, 문해력은 단순히 글의 내용을 이해하기만 하는 것이 아니라 제대로 소화해서 활용할 수 있는지를 포함한다. 문해력이 뛰어나면, 학생은 학업 성취에 유리하고 직장인이라면 업무 능력 향상에 보탬이 된다. 소통 능력과도 연관되어 있으니 대인 관계에도 도움이 된다. 그중에서도 문해력이 주는 가장 큰 혜택은 평생에 걸쳐 책을 즐길 수 있다는 점이다.

나이가 들면 시야가 좁아지기 쉽다. 젊을 때처럼 새로운 환경 속에서 적응해야 할 일이 점점 줄어들기 때문이다. 어제 만난 사람을 오늘 또 만나고 내일도 만나야 한다. 똑같은 루틴이 이어지니 생각의 틀을 깨뜨릴 기회가 흔치 않다. 책은 우물 밖으로 탈출하게 돕는 사다리가 되어준다. 내가 사는 세상이 전부가 아니라고 알려준다. 내가 살아보지 못했고, 살 일이 없는 세상에서도 살아보게 한다. 평생에 만나보기 힘든 인간상과 그의 입장까지도 경험하게 해주니 폭넓은 공감대가 생긴다. 공감대는 아량을 넓히고 그만큼 여유가 생긴다. 신체 기능은 낡아갈지언정 정신은 계속해서 성장할 수 있다. 인생의 모진 풍파를 견뎌낼 힘이 생긴다. 그러니 문해력은 귀한 선물이 아니고 무엇이겠는가.

문해력이 높으면 자신에게 꼭 필요한 책을 잘도 찾아낸다. 책을 읽은 경험이 안목으로 발전하기 때문이다. 독서가 그리 힘들지 않아 포기하는 일이 드물고 독서 후에 느끼는 성취감도 크다. 그 뿌듯함은 독서를 즐기게 하는 원동력이 되어 앞으로도 꾸준히 읽고 싶은 마음을 갖게 한다. 그래서 또 다음 책을 찾아 읽으니 문해력이 점점 더 높아진다. 문해력의 복리 효과다.

뇌를 쓸수록 독서가 점점 쉬워진다

책이 문해력을 키운다. 독서가 뇌를 '책 읽는 뇌'로 단련시키기 때문이다. 성인 문해력의 위기를 대중적으로 알린 EBS 프로그램 〈당신의 문해력〉에서 소개한 실험은 글을 읽을 때 뇌에서 어떤 변화가 일어나는지 시각적으로 잘 보여주었다. 같은 내용을 각각 줄글로 읽을 때, 오디오북으로 들을 때, 동영상으로 볼 때 뇌 활성화 정도를 뇌 기능 영상 장비를 통해 비교하는 실험이었는데, 오디오북과 동영상은 큰 변화가 없는 반면 책을 읽었을 때는 붉게 활성화되었다.

문장을 읽는 동안 우리의 뇌에서는 어떤 일들이 벌어질까. 독서할 때는 뇌의 여러 영역이 동시에 활성화된다. 전두엽은 기억력, 사고력, 추리력을 담당하며 독서 중에 활발하게 작동한다. 특히 전두엽 하부의 브로카 영역은 언어 생성과 문법 구조 처리를 담당한다. 측두엽에 있는 베르니케 영역은 언어 이해를 담당하여 글의 의미를 파악하는 데 핵심적인 역할을 한다. 후두엽은 시각 정보를 처리하는데, 특히 후두엽과 측두엽의 경계에 위치한 좌측 방추상회는 글자와 단어를 인식하는 데 중요한 역할을 한다. 숙련된 독자의 경우, 이러한 주요 영역들뿐만 아니라 감정, 기억, 심지어 운동 관련 영역까지 연합하여 활성화된다.

독서를 하는 동안 이렇게 여러 뇌 영역이 활성화될 뿐만 아니라 서로 다른 뇌 부위 간의 연결도 활발해진다. 기존 지식과 새로운 지식을 연결해서 내용을 더 깊이 이해할 수 있게 도와주는 것이다. 이처럼 독서는 단순히 정보만 받아들이는 것이 아니라 뇌의 전반적인 기능을 발달시킨다. 책을 읽을 때마다 문해력에 적금을 드는 셈이다.

뇌에는 '신경 가소성'이 있어서 평소 자주 하는 행동을 더 좋아하고 잘하는 방식으로 신경망이 강화된다. 독서는 뇌에 지속적인 자극을 주어서 책을 읽는 데 적합한 형태로 변화시킨다. 다른 신체 활동도 마찬가지다. 나는 최근 기타에 관심이 생겨 2주에 한 번씩 수업을 받고 있는데 하루에 한 시간씩이라도 꼭 혼자 연습하는 시간을 갖는다. '기타 연주에 최적화'된 손가락을 만들기 위해서다. 처음에는 손가락 끝이 아프고 마음껏 벌어지지 않아서 원하는 소리를 내지 못했지만, 포기하지 않고 연습한 결과 점점 손가락이 뜻대로 움직여지고 있다. 손가락을 사용하는 뇌의 신경망을 훈련으로 바꾼 것이다.

마찬가지로 독서 경험이 많지 않다면 처음에는 책이 잘 읽히지 않는 것이 당연하다. 그럴 때 '내 신경망이 아직 충분히 강화되지 않았구나'라고 이해하자. 포기하지 않고 계속 읽으면, 운동과 기타 실력이 그러하듯 아주 천천히 그러나 분명히 변한다. 독서에 최적화된 뇌를 갖게 될 때까지 버텨보자. 문해력도 꾸준함이 관건이다.

지금 당장 요약본의 유혹을 뿌리칠 것

세상은 넓고 읽고 싶은 책은 많다. 지름길이 없다는 걸 알면서도 종종 유혹에 빠질 때가 있다. 부족한 교양을 메꾸고자 하루에 한 장씩 읽는 교양서를 산 적이 있다. 자신 없는 분야인 세계사며 늘 관심만 있던 미술, 음악, 철학까지 두루 다루는 책이었다. 한 페이지 안에 주제 내용을 담아야 하니 당연히 맛보기식이었다. 주요 개념이나 사건, 인물을 짤막하게 소개하며 흥미를 돋우고 더 궁금한 내용은 알아서 찾아 공부하게끔 유도하는 것이 책의 기획 의도였을 것이다. 1년이면 365개의 지식 마중물을 공수하니 고여서 썩기 직전인 나의 교양에 물꼬를 터주지 않을까 하는 기대감이 생겼다. 결과는? 한 달도 채 읽지 못하고 덮어버렸다. 맥락이 없으니 전혀 흥미가 생기지 않았다.

지름길은 환상이었다는 사실을 재확인했을 뿐이었다.

요약본의 유혹은 인터넷 신문을 볼 때도 이어졌다. 기사 우측에 '요약봇'이라는 조그만 버튼을 클릭하자 긴 기사 내용을 3줄로 요약해주는 것이 아닌가. 이해하기 어려운 정책이나 경제 지식을 인공지능이 알기 쉽게 정리해주니 고맙고 기특했다. 그런데 곰곰이 생각하니 오싹한 기분이 들었다. 기자는 발바닥에 땀이 나도록 뛰어다니며 취재해서 기사를 썼는데 컴퓨터는 다 필요 없다며 잘라내 버렸다. 과거에는 반대로, 컴퓨터로 조사한 내용을 인간이 취사선택하지 않았던가. 마치 권력관계가 역전된 것처럼도 보였다. 정보와 지식은 컴퓨터가 학습하고 인간은 그들이 추려준 것만 제한적으로 알게 되는 것이다.

인간이 요약하든 AI가 요약하든 그것을 필요로 하는 사람이 있으니 요약본이 존재한다. 세상의 모든 정보를 서사와 맥락을 통해 알 필요는 없고 그럴 수도 없다. 하지만 기사 한 편, 내가 관심 있는 분야의 교양조차 얄팍한 줄거리로 소비하려는 시도는 그만큼 시간과 마음의 여유가 없다는 뜻처럼 느껴져 씁쓸하다.

요약본을 찾는 또 다른 이유는 문해력이 달려서다. 긴 글을 읽지 못하는 사람들이 많다. 스마트폰에 길든 나 역시 까맣고 빼곡한 긴 글을 마주치면 깊은 숨부터 들이마신다. 곧 머리를 써야 하니 정신을 단단히 차리자는 경각심이다. 그럼에도, 호흡을 여러 번 가다듬더라도 되도록 책은 요약본이 아닌 원문으로 읽으려고 한다. 위에서 언급한 이유 외에도 더 있다.

요약본을 읽으면 추론, 상상의 과정이 생략되어 스스로 생각하는 능력을 키우지 못한다. 앞뒤 문장을 살피며 맥락을 파악하고자 애쓰지 않고 구체적인 근거나 예시가 빠져 있는 줄거리만 소비하니 추상적인 개념만 취하게 된다.

요약본을 읽는 기저에는 내용만 중시하는 풍토가 깔려 있다. 글뿐만이 아니다. 요즘은 유튜브나 영화, 드라마를 배속 재생하는 사람이 많다. 무용한 겉치레를 형식적이라고 표현하는 바람에 단어 자체에 부정적인 어감이 스며 있는데 모든 매체는 형식이 중요하다. 형식은 내용을 담는 그릇이자 내용 그 자체가 되기도 한다. 그릇이 무의미하다면 맥주도 와인도 병째 마시면 그만이지 수많은 전용 잔이 왜 필요할까. 플라스틱 컵에 와인을 따라 마시면 아무리 좋은 와인이라도 고급스러운 기분을 느낄 수 있을까. 책을 원문으로 읽었을 때 비로소 전용 잔에 따라 마시는 최상의 맛(재미와 집필의도)을 만끽할 수 있다.

《나를 알기 위해서 쓴다》의 저자 정희진 작가는 글쓰기 수업 수강생에게 《토지》를 '만화로 읽으면 어떠냐'는 질문을 받았다고 한다. 길고 어려워 보이는 대하소설의 지름길로 만화를 택하려는 심정도 알 것 같다. 그는 만화나 드라마는 소설 읽기의 어려움을 해결하기 위한 보조 장르나 중간 다리가 아니라며 형식에 따라 내용이 달라지기 때문에 세 가지는 모두 다르다고 강조한다. 정말 그렇다. 영화화된 소설을 떠올려보라. 소설과 영화가 주는 감각은 어느 것이 더 낫다고 하기 힘들 만큼 서로 다른 매력을 갖고 있다.

 요약본을 아예 읽지 말자는 뜻은 아니다. 원문을 집밥, 요약본을 배달 음식에 비유하면 어떨까. 집밥을 만드는 과정을 떠올려 보자(생각만 해도 귀찮다고? 나도 마찬가지다). 직접 눈으로 보고 신선한 재료를 고른다. 깨끗이 씻어서 알맞은 크기로 손질한다. 지지고 볶고 삶아 요리한다. 예쁘고 적당한 접시에 담아낸다. 하나하나 음미하며 맛보고 소화하는 일, 전 과정이 원문을 읽는 느린 독서다. 반면 배달 음식은 빠르고 간편하다. 허나 재료들의 출처를 모른다. 개성 없는 일회용 용기에 담겨 있다. 먹을 때는 신나지만 짧은 쾌락 뒤에 왠지 모를 찝찝함이 남는다. 그래도 뭐, 한 끼는 잘 때울 수 있다. 빠르고 편리한 배달 음식은 분명 이점이 있지만 주식이 되어서는 곤란하다.

 책을 읽는다는 것은 저자와 똑같은 사고 과정을 밟아보는 일이기도 하다. 내가 늘 생각하는 방식이 아니라 타인이 생각하는 방식을 잠깐 빌리는 것이다. 북한산 정상에 오르는 등산로를 하나만 아는 것과 여러 개를 아는 것은 다르다. 여러 길을 아는 사람은 북한산의 매력을 더 다채롭게 즐길 수 있다. 여러 길을 아는 사람은 선택지가 있다는 뜻이다. 여유롭게 큰 그림을 보고 책의 특성에 더 걸맞은 길을 선택해서 읽는다.

　무엇보다 요약본은 지름길이 아니다. 전혀 효율적이지 않다. 읽을 때는 다 안 것 같지만 사막의 신기루처럼 금방 기억에서 사라진다. 요약을 읽는 것이 아니라, 전체를 읽고 내 머리로 요약하는 것이 가장 남는 독서고 인간적인 독서이다.

책도 급하게 많이 읽으면 체한다

'다독多讀'의 반대말은 무엇일까? '소독少讀'? 아니, '정독精讀'이다. 제대로 읽으면 많이 읽을 수가 없으니 말이다. 언제부터인가 내가 읽은 책을 세어보는 일을 그만두었다. 1년에 몇 권이나 읽는지 궁금했고 주로 어떤 분야의 책을 읽는지도 알아두면 독서 편식을 막는 데 도움이 될 거라 여겼다. 연말이 되면 한 해 동안 읽은 책 목록을 정리해서 블로그에 올리기도 했는데 뜻밖의 부작용을 겪었다. 기대에 미치지 못하는 초라한 권수에 실망스러운 기분이 드는 것이었다. 그런 마음은 지금 읽고 있는 책을 어서 빨리 끝내고 다음 책을 읽어야 한다는 압박감으로 작용했다. 마치 제한 시간이 30분인 뷔페에서 식사하는 것처럼 지금 씹고 있는 음식을 충분히 즐기지 못하고 다음 접시에 담을 음식을 노려보는 꼴이었다.

왜 이렇게 조급해졌을까, 원인을 따져보니 그 속에는 비교라는 단어가 도사리고 있었다. 남들만큼 혹은 남들보다 더 많이 읽고 싶은 욕심이었다. 흔히 북 인플루언서라고 불리는 이들은 한 달에 100권씩도 읽었고 부지런히 독서 기록을 SNS에 자랑했다. '이번 달은 바빠서 70권밖에 못 읽었네요'라며 볼멘소리를 하면 '밥 먹고 책만 읽나?' '제목만 읽는 건가?' 하며 시큰둥했다. 미련하다! 속도 경쟁사회에 염증을 느끼면서 독서량까지 경쟁하고 있다니.

독서는 결과가 아니라 과정을 즐기는 행위라는 사실을 깜박했다. 결과는 과정을 즐겼을 때 따라올 뿐이다. 책을 읽는 이유는 숫자를 늘리거나 남에게 자랑하기 위해서도 아니고 누군가를 이기기 위해서는 더더욱 아니다. 무엇보다 읽는 순간이 행복하기 때문이다. 물론 완독 후에 느끼는 성취감(이를테면 책꽂이에 꽂아 넣는)도 그 기쁨의 하나이다. 그러나 전부는 아니다. 독서라는 코스 요리의 디저트일 뿐 디저트를 먹으려고 코스를 시키진 않는다. 좋아하는 사람이 생기면 자꾸만 보고 싶은 것처럼 책을 좋아하니까 충분히 함께 시간을 보내는 것이다. 게다가 좋아하는 사람을 굳이 자주 바꿀 필요는 없다. 그렇게 나는 많이 읽어야 한다는 어리석은 강박을 내려놓았다.

물론 책을 읽는 속도가 빠른 사람은 그만큼 주어진 시간 안에 더 많은 책을 읽으니 그렇지 않은 사람보다 더 많은 정보와 지식을 접할 것이다. 그러나 언제나 소화가 중요하다. 음식을 아무리 많이 먹어도 살이 찌지 않는다면 영양소가 몸에 제대로 흡수되고 있는지 의심해보고, 병이 있다면 병을 먼저 치료해야 한다. 그렇지 않으면 밑 빠진 독에 물을 붓는 격이다.

소화는 위가 아니라 입에서부터 시작된다. 음식물을 치아로 꼭꼭 씹어 잘게 쪼개고 침으로 녹인다. 침 속의 아밀라아제 효소가 전분을 분해하면서 음식물은 죽처럼 부드러운 상태가 되고 위로 내려가 두 번째 소화과정이 시작된다. 위산은 음식물을 살균하고 단백질을 분해한 후 소장으로 내려보낸다. 소장에서는 각각의 소화효소 작용으로 영양소를 우리 몸에 보내며 마지막으로 대장에서는 전해질 흡수가 일어난다. 그러니까 소화가 잘 안 된다면 위장만 탓할 것이 아니라 충분히 씹었는지부터 확인해야 한다.

제대로 씹지 않은 채 음식을 삼키면 다음 과정들이 원활할 리 없다. 그래서 의사는 음식을 30번씩 꼭꼭 씹어서 삼키라는 말을 많이 하는데 우리나라 사람 대부분이 10번도 채 씹지 않고 꿀꺽 넘긴다고 한다. '빨리빨리 문화'에서 비롯된 한국인의 급한 성격은 식사할 때도 책을 읽을 때도 어김없이 발휘되는 것인가.

한 사람을 알아가는 일이 단순하지 않듯 책도 그러하다. 어느 정도 읽다 보면 '임자구나' 하는 느낌이 온다. 그럴 때는 여유를 갖고 읽는다. 일부러 속도를 늦춰서 아껴 읽기도 한다. 다독의 반대말이 정독이라면, 정독의 유의어는 만독慢讀 아닐까. 천천히 읽으면 가슴에 새기는 정독에 이를 수 있다.

한 권을 읽더라도 제대로 읽는 정독법 10가지

1. 흔적을 남기며 읽기

책 페이지 귀퉁이 접기, 밑줄 긋기, 동그라미 치기, 인덱스 플래그 붙이기, 중요하다고 생각하는 부분은 메모(질문, 키워드)하며 흔적을 남긴다.

2. 필사하며 읽기

책을 읽다가 감탄이 나오는 문장이나 핵심 단락을 발견하면 노트에 똑같이 베껴 쓴다. 재빠른 타이핑이 아닌, 손글씨로 작성해야 천천히 곱씹고 음미하기 좋다.

3. 맥락 파악하며 읽기

책을 읽기 전에 저자 정보나 책이 쓰인 시대 상황을 어느 정도 공부한다. 읽는 중에도 마찬가지다. 특히 역사나 철학과 관련된 책에는 낯선 사건이나 개념이 자주 등장하는데 이를 그냥 넘어가지 않고 구글링하며 읽는다.

4. 요약하며 읽기

각 꼭지나 각 장이 끝날 때마다 핵심 메시지를 한두 줄로 요약해본다. 맥락을 잘 놓치거나 책을 읽는 주기가 길 경우, 앞서 읽은 내용을 잊어버리는 것을 막을 수 있다. 나중에 서평을 쓸 때도 요긴하다.

5. 시간 정해놓고 읽기

30분 혹은 1시간 동안 타이머를 맞춰놓고 온전히 독서에만 몰입해보자. 목표 독서 시간을 정하면 그 시간 동안 스마트폰 전원을 끄고 책을 읽는다. 전원이 꺼져 있더라도 스마트폰은 아예 눈에서 보이지 않는 곳으로 치우는 게 좋다.

6. 연결하며 읽기

책을 읽다 보면 관련된 기억이 떠오를 때가 있다. 나의 경험 또는 다른 책에서 읽은 내용, 뉴스에서 보았던 소식 등 세상 돌아가는 일과 책 내용을 연결해서 생각해본다.

7. 비판하며 읽기

저자의 말이 무조건 옳다는 믿음을 버린다. 그저 저자의 의견일 따름인지 반박 불가한 사실인지도 구분해본다. 동의하지 않는 부분이 있다면 왜 그런지 따져본다. 제시하는 통계 자료에 왜곡된 부분은 없는지 면밀하게 살핀다.

8. 관련 책 함께 읽기

동시에 여러 권을 읽는 방법이다. 읽으면서 책을 계속 교체하라는 뜻이 아니다. 오전과 오후, 혹은 격일로 바꿔가며 읽는다. 예를 들어 하루키의 소설과 에세이를, 스토아철학 입문서와 《명상록》을, 글쓰기 책과 맞춤법 책을 함께 읽으면 시너지 효과가 난다.

9. 소리 내며 읽기

집중력이 흩어질 때 시도해본다. 발성기관과 청가이 함께 사용되면서 문장에 더욱 집중하게 된다. 특히 시는 소리 내서 읽었을 때 감정의 울림이 훨씬 크다.

10. AI와 대화하며 읽기

책을 읽다가 모르는 개념이나 헷갈리는 내용이 나오면 생성형 인공지능 챗봇에게 물어보자. 정답을 알려줄 거라 기대하지 말고 떠보듯이 물어보는 것이 관건. 그의 말에 의심쩍은 부분이 발견되면 반격해도 좋다. 기특한 토론 상대가 되어줄 것이다.

2.
망망대해 서점
똑똑하게
탐색하기

자투리 시간을 활용한 서점 탐방

늦지 않으려고 서두르다 보면 약속 시간보다 너무 일찍 도착해 당황할 때가 있다. 길거리에서 서성이기에는 길고 카페에 들어가기는 아까운 30분 내외의 애매한 시간. 날씨가 춥거나 커피값이 저렴한 카페가 눈에 띄면 잠깐 들어가 숨을 고르기도 하지만 사람을 만나면 금방 또 커피를 마실 테니 최고의 선택지는 아니다.

그럴 땐 지도 앱을 열어 가까운 서점을 찾는다. 자주 가는 강남역 주변이면 교보문고나 알라딘이 있으니 검색할 필요도 없다. 일부러 일찍 도착해서 책 구경을 할 때도 있다. 책을 살 계획이 없었더라도 막상 서점에 들어가면 구매욕이 꿈틀거린다. 잿빛 도심 속에 존재하는 대형서점은 청정한 바람이 드나드는 숨구멍처럼도 느껴진다. 천장까지 빼곡하게 책이 들어차 있는 광경은 아마존 밀림을 연상시킨다. 울창한 책 숲을 비집고 들어간다. 책 한 권이 잎사귀라면 매대에 다소곳하게 누워 있는 신간은 이제 막 개화한 꽃이다. 이러한 감각은 책 애호가의 근거 없는 상상만은 아닐 터. 책은 실제로 나무로부터 온 물질이 아닌가. 하릴없이 책 한 권을 사서 빠져나오게 된다.

책 숲에서 가장 먼저 눈에 띄는 곳은 역시 '종합 베스트셀러' 매대다. 콕 집어 필요한 책이나, 특별히 찾는 분야가 있는 것이 아니라면 발길이 간다. 가장 잘 보이는 위치에 배치하기도 했고 말이다. 그러나 본격적으로 살펴보면 그다지 구미가 당기는 책이 없다. 어쩌면 베스트셀러 코너를 향하는 마음은 사고 싶은 책이 없다는 사실을 확인하려는 마음일지도 모르겠다.

그다음에는 '분야별 베스트'로 발걸음을 옮긴다. 익숙한 제목과 익숙한 저자의 책이 위풍당당하게 서 있다. 분명 석 달 전에도 그 자리에 있었다. 책을 쓰는 사람이니 질투의 감정을 피할 수 없다. 조그맣게 '광고 도서'라는 스티커가 붙어 있는 매대 위에 인기 유튜버의 책이 크리스마스트리처럼 쌓여 있는 모습을 보면 배가 사르르 아파져서 한시바삐 자리를 벗어난다.

인문, 철학, 소설, 시, 에세이, 자기계발, 경제경영… 그즈음 나의 관심사에 따라 누워 있거나 서 있는 책들의 제목을 살펴본다. 아무래도 표지나 제목이 눈길을 끄는 것에 먼저 손이 간다. 약속 시간까지 남은 시간이 얼마나 되는지에 따라 탐색 전략이 다르다.

자투리 시간을 활용한 책 탐색법

제한 시간 15분 ⏰

1. 베스트셀러 코너의 책 제목들을 훑어본다.
2. 책 표지나 제목을 보고 마음에 드는 것을 집는다.
3. 차례를 읽어본다.
4. 서문을 읽어본다.
5. 시간이 남으면 한 권 더 1~3을 반복한다.

제한 시간 30분 ⏰

1. 관심 있는 분야로 간다.
2. 책 표지나 제목을 보고 마음에 드는 것을 집는다.
3. 앞/뒤표지에 적힌 부제, 카피를 읽어본다.
4. 책날개 안쪽의 저자 소개를 읽어본다.
5. 서문을 읽어본다.
6. 차례를 읽어본다.
7. 차례 제목 중 흥미가 생기는 꼭지를 열어본다.

8. 두 페이지만 읽어본다.

9. 재미있으면 이어서 더 읽는다.

10. 재미없으면 다른 책으로 1~8을 반복한다.

제한 시간 50분 ⏰

1. 관심 있는 분야로 간다.

2. 책 표지나 제목을 보고 마음에 드는 것을 집는다.

3. 앞/뒤표지에 적힌 부제, 카피를 읽어본다.

4. 표지 일러스트가 어떤 의미를 담은 것인지 추측해본다.

5. 책날개 안쪽의 저자 소개를 읽어본다.

6. 서문을 읽어본다.

7. 차례를 읽어본다.

8. 차례 꼭지마다 어떤 내용이 전개될지 상상해본다.

9. 차례 제목 중 흥미가 생기는 꼭지를 열어본다.

10. 두 페이지만 읽어본다.

11. 재미있으면 이어서 더 읽는다.

12. 재미없으면 다시 차례로 가서 두 번째로 흥미가 생기는 꼭지를 확인한다.

13. 두 페이지만 읽어본다.

14. 중간쯤 아무 페이지를 열어 두 페이지만 읽어본다.

15. 탐색 과정이 즐거웠다면 망설이지 말고 책을 집어 계산대로!

모든 소비가 그렇듯 충동구매는 후회를 부르기 쉽다. 보통 표지가 끌리면 집어 들기 쉬운데 자세히 살펴봐야 할 것은 차례와 집필의도가 담긴 서문이다. 그저 소장용이라면 관계 없지만, 책을 통해 재미와 지적인 혜택을 얻고 싶다면 말이다. 사람도 호감 가는 외모에 반했다가 그에 비해 인품이나 행실이 좋지 못하면 배신감이 더 크지 않은가. 집에 '예쁜 쓰레기'가 많이 쌓여 있다면 특히 신중하게 고르자.

온라인 서점 구석구석
보물 찾기

하루 동안 스마트폰에서 가장 많이 열어보는 앱은 무엇일까? 세대나 취향에 따라 다르겠지만 국민 메신저 카카오톡이나 유튜브가 아닐까. 그도 아니라면 SNS나 게임, 쇼핑 앱이 될 것이다. 나는 몇 년 전부터 자주 들락거리는 앱이 하나 더 추가됐는데 바로 '온라인 서점' 앱이다. 예스24, 교보문고, 알라딘 애플리케이션을 스마트폰 홈 화면 잘 보이는 위치에 나란히 깔아두었다. 매일 한 번 이상은 들어가 '책 서핑'을 한다. 괜찮은 신간이 나왔는지 둘러보고 관심 있는 작가의 인터뷰 글이 올라오면 읽어보기도 한다.

책을 살 때도 오프라인보다 온라인 서점을 이용하는 편이다. 무엇보다 접근성이 좋다. 서울에 살 때는 주요 지하철역 근처에 대형서점이 어김없이 있었고 골목 곳곳에서도 동네 책방을 찾는 일이 그리 어렵지 않았다. 조금 덜 복잡한 경기권으로 주거지를 옮겼을 뿐인데 서점은 차를 타고 나가야만 닿는 장소가 되었다. 그래서 언제든지 손바닥 안에서 신간들을 구경시켜주는 온라인 서점은 고마운 존재가 됐다.

미리보기로 집필 의도 확인하기

온라인 서점에서 책을 살 때는 꼭 미리보기로 서문을 확인한다. 보통 20~30페이지 내외의 내용을 공개하는데 서문과 차례, 한 꼭지 글 정도를 보여준다. 내가 쓴 글쓰기 책 두 권의 서문을 비교해보면 이렇다.

> 대화 목적, 타깃, 배려 세 가지 요건을 제대로 갖춘 '어른의 문장'은 소통할 때 강력한 힘을 발휘한다. 이 책은 아침에 눈을 뜨면서부터 잠이 들 때까지 접하는 문자(카톡), 메신저, 이메일, 블로그, SNS에서 소통을 가로막는 요인을 파헤치고, 각각의 '쓰기 플랫폼'에서 최적의 문장을 짓는 방법을 이야기한다.
> -《어른의 문장력》 서문

책을 읽으면서 동시에 매일 글을 쓰게 하는 글쓰기 실용서가 있으면 좋겠다는 생각이 들었어요. 마치 헬스 트레이너에게 PT를 받듯 글쓰기 PT를 받는 것이죠. 헬스장에 등록해놓으면 운동하러 가듯, 글쓰기도 기간과 시간을 정해놓고 매일 훈련하는 거예요. 저는 이것만큼 확실하게 글쓰기 실력을 키우는 방법은 없다고 믿습니다.

-《나도 한 문장 잘 쓰면 바랄 게 없겠네》서문

둘 다 글쓰기와 관련된 책이지만 전자는 '온라인 소통'에 중점을, 후자는 '훈련 방법'에 힘을 주었다는 사실을 바로 알아차릴 수 있다. 제목이나 차례만 가지고는 알기 힘든 내용을 가늠하고 막연한 글쓰기가 아니라 어떤 글쓰기를 배우고 싶은지 나의 니즈를 구체적으로 확인할 수 있다.

알뜰하고 신속하게 구매하기

온라인 서점에서는 쿠폰과 적립금 등 할인 혜택도 많아 꼼꼼히 챙기면 좋다. 책값이 비싸다는 의미는 아니다. 작가가 1년 이상의 노동력을 쏟은 책은 보통 2만 원이 안 되며, 게다가 순식간에 입속으로 사라지는 디저트와는 다르게 평생 소장할 수 있다. 지식과 재미를 이보다 더 알뜰하게 챙겨주는 상품은 찾아보기 힘들다고 생각한다. 그러나 책 욕심이 많으니, 한 달에 들어가는 책값을 조금씩 아껴서 한 권이라도 더 사려는(구매와 실제로 읽느냐는 엄연히 다른 영역!) 계산을 하게 된다. 온라인 서점에서는 기본 10% 할인되고 이런저런 쿠폰을 적용하면 그 이상 책값을 아낄 수 있다.

  3사 온라인 서점을 사용해보고 느낀 지극히 개인적인 활용법은 이렇다. 책이 급하면 '알라딘'으로 주문한다. '양탄자 배송'이라는 명성이 무색하지 않게 운이 좋으면 당일 수령도 가능하다. 알라딘은 '굿즈 장인'으로도 유명하다. 출판사나 책에 따라 판촉을 위해 도서와 어울리는 굿즈를 제작할 때가 있는데 온라인 서점마다 종류가 조금씩 다르다. 대개 머그잔, 북 클립, 책갈피, 필사 노트 등 독서와 관련된 용품이다. 도서정가제(책의 할인율을 법적으로 제한하는 제도) 때문에 그동안 모아온 마일리지를 차감하는 방식으로 구매할 수 있다. 내 주변에는 아기자기한 소품에 관심이 많거나 문구 덕후, 한정판을 모으는 사람이 알라딘을 애용한다.

  '예스24'는 다양한 할인 혜택이 장점이다. 주말이나 매달 24일이면 쿠폰을 뿌린다(보통 쿠폰은 선착순이니 알림을 맞춰놓고 서둘러야 한다). 책 제목 맞히기 퀴즈, 응원하는 작가나 이달의 책 투표 등 기획 이벤트에 참여해도 할인 쿠폰을 준다.

'교보문고'에서도 일주일 연속 출석하면 1,200원의 할인 쿠폰을 받을 수 있다. 매번 접속해서 출석 체크를 하는 일이 번거롭기도 하지만 그만큼 서점 앱에 자주 접속하게 되고 마음에 드는 책을 발견할 확률도 높아진다. 온라인 교보에 들어가서 책 제목을 검색하면 지점마다 실시간 재고량이 나오기 때문에 매장에 방문하기 전 책이 있는지 미리 확인할 수 있다.

직접 참여하는 즐거움

연말이 다가오면 각 온라인 서점에서 '올해의 책'이라는 큰 행사를 치른다. 독자의 투표를 통해 한 해를 대표하는 책을 선정하는 것이다. 마치 지역 일꾼을 뽑는 선거에서 소중한 한 표를 행사하듯 내가 응원하는 작가나 작품을 살펴 고르는 일이 신중하고 즐겁다.

온라인 서점은 단순히 책만 파는 곳이 아니다. 책을 재미있게 읽은 독자는 리뷰를 달아서 다른 독자들이 구매에 참고하게끔 도움을 줄 수 있다. 책과 관련된 특별 굿즈를 함께 장만해 기념할 수 있다. 투표나 리뷰, 크라우드 펀딩 참여로 좋아하는 작가를 밀어준다. 적극적으로 들여다보고 참여하면 오프라인 서점 못지않은 즐길 거리가 숨어 있다. 이따금 무료할 때마다 의미 없는 웹서핑을 하는 대신 '책 서핑'을 해보면 어떨까.

적용하기

온라인 서점 앱을 깔고 카테고리 구성과 혜택 이벤트 등을 자세히 살펴보자.

리뷰 200% 활용하는 법

출간작가로 살게 되면서 나에게는 비밀스러운 루틴이 생겼다. 신간이 나오면 한동안 '판매지수'와 '리뷰'를 검색하는 일이다. 일 년 넘게 공들인, 자식 같은 책이 세상 밖으로 나가 어떤 반응을 얻고 있는지 궁금한 저자가 비단 나뿐이랴. 아침에 눈을 뜨자마자 스마트폰을 열어 온라인 서점부터 접속한다. 판매지수가 어제보다 올라가면 콧노래가 절로 나오고 내려가면 예리한 바늘에라도 찔린 듯 명치가 따끔하다. 일희일비하지 말라는 조언은 남에게나 쉽지 당사자가 됐을 때는 무용하다.

　판매지수는 참고 사항일 뿐, 진실은 리뷰 속에 숨어 있다. 출판사에서 책을 제공한 서평단의 리뷰는 대체로 호의적이다. 아무래도 대가의 성격이 있다 보니 아주 형편없는 수준이 아니라면 비평보다는 책의 구성과 장점 위주로 풀어쓴다. 신간이 나온 후 시간이 좀 흐르면 서평단이 아닌 '내돈내산' 리뷰어들의 글이 올라온다. 나는 조마조마한 심정으로 이들의 글을 읽어본다. 정말이지, 두근거리다 못해 긴장되어서 한쪽 눈만 뜨고 읽을 때도 있다. 마치 공포 영화를 볼 때처럼 말이다.

내가 쓴 문장에 공감이 가고 유익했다는 평을 발견하면 그렇게 기쁠 수가 없다. 여러 번 다시 읽어보며 힘을 얻는다. 가끔은 '나에게 원한이 있는가?' 의심될 정도로 신랄한 악평을 발견하기도 하는데 그럴 땐 글쓴이 아이디를 눌러본다. 그동안 어떤 책을 읽었고 어떻게 평가했는지 확인하며 구질구질하게 집착을 부려본다.

악평을 쓴 사람의 블로그로 들어가 본 어느 날 피식, 웃음이 나왔다. 그가 거의 모든 책에 악평을 남긴 흔적을 발견했기 때문이다. 양서로 알려진 스테디셀러에도 예외는 없었다. 비판의 내용을 살펴보면 일견 수긍이 갈 때도 있고 그의 무지나 오해에서 불거진 내용일 때도 있었다. 아무튼 그 사실을 알게 되면 묘하게 안심이 되는 나 자신이 수치스러웠는데, 그렇다면 칭찬 일색의 리뷰어도 마찬가지 아닌가. 눈에 불을 켜고 부정적인 면을 찾는 사람이 있는 것처럼 긍정적인 면에만 집중하는 사람도 있다는 뜻이니.

나는 이 지점에서 고민에 빠졌다. 독자 리뷰를 어디까지 받아들여야 할까? 저자의 경우 비판적인 의견은 다음 책을 쓸 때 참고하거나 보완하고, 장점은 더욱 살리는 건설적인 피드백으로 삼으면 된다. 그렇지만 독자의 입장은 다르다. 나 역시 작가이기 전에 독자다. 책을 사기 전에 먼저 읽은 독자들의 리뷰를 읽어보고 구매에 참고할 때가 많다. 그런데 악평을 읽고 좋은 책을 놓칠 수도 있고 칭찬 일색인 리뷰를 믿고 샀다가 실망하는 일도 생긴다. 아직 독서 경험이 적으면 자신의 안목을 믿기 어려워 더욱 남을 의지하기 쉽다. 리뷰를 참고하는 것은 좋지만 리뷰가 얼마나 객관성을 담보했는지, 어느 정도나 신뢰해도 될지 확인하는 과정이 필요하다. 몇 가지 비법이 있다.

온라인 서점 책 리뷰, 스마트하게 활용하자

전체 리뷰와 구매 리뷰

온라인 서점에 올라온 리뷰는 보통 '전체 리뷰 보기'와 '구매자 리뷰 보기'로 나누어져 있다. 전체 리뷰는 책을 사지 않아도 누구나 올릴 수 있다. 출판사나 지인에게서 책을 선물 받았을 확률이 높다. 자신이 직접 돈을 주고 책을 구매한 사람들의 리뷰만 읽고 싶다면 '구매 리뷰'로 설정해서 읽으면 된다. 참고로 온라인 서점 알라딘에서는 책마다 구매자 연령 그래프를 제공하니 같은 자기계발 분야 책이더라도 각각 30대에게 인기가 많은지, 50대가 더 많이 찾는지를 알 수 있다.

최근순과 추천순

온라인 서점 리뷰에는 독자들이 리뷰를 읽고 마음에 들면 공감 버튼을 눌러 해당 리뷰를 추천하는 기능이 있다. 보통 추천을 많이 받은 리뷰가 상단에 배치된다. 만약 '추천순'이 아닌 최근에 올라온 리뷰를 읽고 싶다면 설정을 '최근순'으로 바꿔서 확인하면 된다. 추천을 많이 받은 리뷰라고 무조건 훌륭한 리뷰라는 뜻은 아니다. 10건의 추천을 받은 악평이 상단에 떠 있다고 300건의 호평을 무시할 수는 없는 법이기 때문이다.

리뷰어 탐색하기

리뷰를 쓴 사람의 아이디를 클릭하면 그동안 어떤 책을 읽고 리뷰했는지 볼 수 있다(공개 시). 리뷰어가 그동안 작성한 리뷰의 양과 질, 즐겨 읽는 분야, 평점 평균 등을 확인하면 해당 리뷰의 신뢰도를 어느 정도 가늠할 수 있다.

리뷰의 품질 따져보기

리뷰를 무조건 믿지 말고 리뷰의 질을 따져본다. 질이 좋은 리뷰에는 이유와 근거가 포함되어 있다. 책의 어떤 부분이 좋았고 나빴는지가 구체적으로 언급된다. 가령 '보고서를 쓸 때 조심해야 할 점을 콕 집어서 알려주니 직장인에게 실용적이다' '이야기 형식으로 세계사를 풀이한 책, 지루하지 않고 쉬워서 입문서로 추천한다' '작가의 생각보다는 인용문의 분량이 더 많아서 실망스러웠다' 같은 식이다. 반면 안 좋은 리뷰에는 의견만 있다. '책의 수준이 너무 떨어진다' '작가의 일기장에 불과하다' '이 작가 책은 무조건 추천!' 같은 식이다.

사실 리뷰는 책을 사기 전에 읽는 것보다 다 읽고 난 후에 읽는 것이 더 재밌다. 내가 푹 빠져 읽은 책을 다른 사람들은 어떻게 읽었는지 궁금하니까. 내가 좋다고 느낀 부분을 다른 사람들도 똑같이 느꼈다고 하면 괜히 흐뭇하다. 내키지 않았던 부분도 마찬가지다. '역시 나만 그렇게 느낀 게 아니었어' 하는 확인은 마치 동지가 생긴 듯 반가움마저 든다.

그런 리뷰어를 만나면 그가 쓴 다른 리뷰들도 읽어보게 되는데 보통 나와 사고방식이나 취향이 비슷하다. 그러면 그가 추천하는 책들을 재밌게 읽어볼 수 있다. 추천 도서 목록이 새로이 생기는 것이다. 그렇다고 너무 취향에만 열중하면 사고를 확장하지 못하니 때로는 관심 외 분야의 책 리뷰에도 기웃거려보자. 온라인 서점 리뷰는 어떻게 활용하느냐에 따라 책 구매 가이드 역할을 할 뿐만 아니라 그 자체로 재미있는 읽을거리가 된다.

적용하기

온라인 서점 사이트에 들어가 내가 재미있게 읽었던 책의 리뷰를 몇 편 읽어보자. 좋은 리뷰와 안 좋은 리뷰를 가려보자.

출판사 SNS는
일단 구독!

심심풀이로 SNS를 넘겨보다가 호기심을 끄는 문구에 손가락이 멈출 때가 있다. 자극적이고 흥미진진한 스토리를 담은 이미지가 대여섯 장 이어지다가 궁금증이 극에 달하는 순간, 불청객처럼 등장하는 것은 다름 아닌 책 광고. 뒷이야기는 책을 사서 확인하란 뜻이다. 오디션 프로그램의 최종 우승자 공개를 앞두고 "60초 후, 확인하세요!"를 외치는 사회자처럼 얄밉고 김이 빠진다. 게시물에 달린 댓글도 가지가지다. '응, 광고~' '나한테 왜 그래요?' '책팔이들 지긋지긋하다' 나처럼 낚시를 당한 사람들이 남긴 댓글에 웃음이 난다.

그래도 스토리텔링을 하려는 노력은 가상하다. 책 표지만 덩그러니 올려놓고 콧대 높은 독자의 구매욕을 자극하기란 여간해서 쉽지 않다(유명인은 예외다). 그래서일까, 출판사의 책 광고는 재미있고 유익한 콘텐츠형으로 진화했다. 물론 책 판매가 주요 목적임을 독자가 모를 리 없다. 그럼에도 '이런 재미와 정보를 제공하는 책이라면 한 번 사서 읽어볼까?' 솔깃해지는 것도 사실이다. 일종의 넛지 전략이다.

나는 인스타그램을 구경하다가 흥미로운 콘텐츠를 발견했을 때 누구의 계정인지 프로필을 확인해본다. 그곳이 출판사나 편집자, 마케터 등 출판계 관련 계정이라면 일단 팔로우한다. 책과 관련된 이로운 정보들을 퍼주리라 기대하기 때문이다.

최근 문학동네 인스타그램에서 발견한 이벤트는 참신했다. 《부산미각》이라는 책을 소개하는 콘텐츠였는데 부산 음식을 먹고 자란 인문학자들이 '부산의 맛'에 담긴 역사와 이야기를 풀어냈다고 했다. 부산 지역의 소주인 '대선주조'와 협업해 돼지국밥, 꼼장어(곰장어의 부산 사투리), 밀면 등을 메뉴판 이미지로 올렸고 댓글로 대선 소주와 가장 잘 어울리는 음식을 골라달라는 주문이었다. 당첨자에게는 책과 소주를 선물로 준다는데 나도 모르게 어떤 안주를 골라야 할지 심각하게 고민하고 있었다. 재미있는 이벤트는 자연스럽게 책에 호감을 갖게 한다. 책이 나와 관련이 없다고 생각했다가도 한 번 더 돌아보게 만든다.

출판사 SNS 보며 독서 욕구 자극하기

이럴 땐 이 책

'돗자리 깔고 맥주 홀짝이며 읽고 싶은 책' '혼밥하며 읽기 좋은 책' '편집자가 어린 시절로 돌아가면 무조건 읽을 청소년 소설' 등 특정 상황을 설정하고 그에 걸맞은 책을 추천해주는 식이다. 출판사에서 나온 책을 한두 권씩 껴놓는 것인데 속은 보이지만 정보를 제공하니 얄밉지 않다. 저장해두면 왠지 모르게 든든하다.

일단 시식해보세요

신간 출간 전에 책 내용 일부만 잘라 연재하기도 한다. 아직 시중에 나오지 않은 책을 미리 맛볼 수 있다. 책에서 다루는 내용이나 문체를 미리 확인하고 구매하니 실패할 확률이 줄고, 다 읽지 못했더라도 '나 그 책 들어봤어'라며 친구에게 아는 척 할 수 있다.

최애의 정보 놓칠 수 없지

내가 좋아하는 저자의 북토크나 사인회, 신간 소식을 가장 먼저 공지한다. 운 좋게 그 날짜에 시간이 있고 장소가 가까우면 바로 참여 신청을 해 독서 경험을 확장한다. 무라카미 하루키처럼 만나기 어려운 작가의 팝업 스토어 소식 등 특별한 행사 소식도 종종 올라온다.

새로 나온 책을 선물로 드려요(단, 서평은 필수)

서평단에 신청하거나 기대 평 댓글을 달아주는 사람에게 신간을 선물로 준다. 서평 쓰기가 부담스럽긴 하지만 저절로 마감기간이 생기니 글쓰기 훈련도 된다. 책을 깊이 읽고 생각을 정리하는 습관을 기르는 밑거름이 될 수도 있다. 종종 책 선물을 걸고 책과 관련된 퀴즈를 내기도 하니 흥미가 있는 책이라면 도전해보자.

가장 믿을 만한 명언 맛집

출판사 주력 분야에 따라 고전 문학이나 자기계발서에 나오는 명문을 이미지로 만들어서 올려주기도 한다. 흉금을 울리는 글귀는 저장해두었다가 위로나 응원이 필요할 때 읽어보자. 필사를 해도 좋다. 나중에 글을 쓸 때 인용구로도 써먹을 수 있다.

나를 잊지 말아요

가끔 책 표지나 속지 일러스트를 스마트폰 배경 화면 사이즈로 제작해서 공유하는 곳도 있다. 개성 넘치고 귀여운 그림으로 스마트폰을 꾸며놓으면 자꾸만 해당 책이 궁금해진다.

루틴 만들기에 진심

신간이 나올 즈음 필사나 독서 모임을 모집한다. 보통 인스타 피드에 공지하고 구글 설문지를 통해 모집한다. 매일 일정 분량을 리더가 공유해주기도 하고 스스로 계획을 세워 읽기도 한다. 챌린지 기간 동안 읽고 사진을 찍어 자신의 SNS나 블로그에 인증하는 방식이다. 출판사에서는 책이 그만큼 노출되니 좋고 영리한 독자는 이를 자신의 '갓생' 루틴으로 만든다.

휴일에 뭐하긴, 책 봐야지

24절기, 기념일, 공휴일 맞춤 도서를 추천해주기도 한다. 어린이날에는 학년별 어린이 도서를 추천하는 식이다. 5월만 해도 근로자의 날, 어린이날, 어버이날, 스승의 날, 부처님 오신 날, 부부의 날, 바다의 날 등이 있으니 추천해주는 책만 챙겨도 365일이 바쁘다.

적용하기
선호하는 출판사의 SNS나 블로그를 검색해서 구경해보자.

책의 기본,
서지 정보 제대로 파악하기

독일의 철학자 쇼펜하우어Schopenhauer의 책이 한동안 인기를 끌기에 나도 한 권 읽어봐야겠다 싶었다. 하지만 너무나 많은 종류에 무엇을 선택해야 할지 난감했다. 내 수준보다 너무 높으면 포기하게 될 터이니 완역본보다는 그의 철학을 현대적으로 해석한 입문서가 나을까. 아무래도 쇼펜하우어의 정수를 제대로 맛보려면 원전을 그대로 옮긴 책이 나을까. 고민하다가 결국 후자로 골라보기로 했다. 마침 근처에 서점이 있어서 책을 펼쳐 확인해볼 수 있었다. 출판사와 번역자의 정보를 살펴보고 괜찮아 보이는 책을 선 채로 몇 장 읽어보았다. 번역이 매끄럽게 잘 읽히는 책을 두 권 추린 후, 스마트폰으로 온라인 서점 앱에 접속해 먼저 책을 읽은 이들의 리뷰도 몇 개 읽어보면서 최종 책을 선택했다.

그런데 리뷰들을 읽다가 입문서와 원전 번역서를 구별하지 못하거나 헷갈려하는 사람들이 꽤 있다는 사실을 알게 되었다. 쇼펜하우어 책인 줄 알고 샀는데 한국 저자가 쓴 책이었다며 억울해하는 리뷰도 가끔 발견되었다. 원전을 번역한 책인지 알고 샀다가 실망하거나 속은 느낌이 들어 별점 테러를 남기는 독자도 있을 것이다. 일차 책임은 책을 꼼꼼하게 확인하지 않은 독자에게 있지만 결과적으로 독자와 저자 모두에게 안타까운 일이 되었다.

온라인 서점에서 쇼펜하우어를 검색하면 원전 번역서와 입문서의 구분 없이 관련 책들이 모두 나온다. 그렇다면 어떻게 구별할까? 책 제목에 쇼펜하우어가 들어갔더라도 책 표지에 쓰여 있는 저자명이 쇼펜하우어가 아니라면 대중 입문서(혹은 해설서)다.

예를 들어 《마흔에 읽는 쇼펜하우어》라는 책의 표지에는 '강용수 지음'이라고 쓰여 있다. 쇼펜하우어가 쓴 책이 아니라 서양 철학을 전공하고 그에 해박한 저자가 쇼펜하우어를 알기 쉽게 풀어 쓴 책이다. 반면 원전 번역서에는 책 표지에 저자와 역자가 이름이 함께 쓰여 있다. 예를 들어,《남에게 보여주려고 인생을 낭비하지 마라》라는 책의 제목에는 '쇼펜하우어'가 들어가지 않지만 표지에 '아르투어 쇼펜하우어 지음' '박제

헌 옮김'이라고 표기되어 있으므로 원전 번역서다. 책 소개 페이지에도 쇼펜하우어가 1851년에 쓴 《소품과 부록Parerga und Paralipomena》 중 소품 부분에 해당한다고 언급되어 있다. 표지에 적힌 저자와 역자 이름, 소개 페이지를 확인한 후 본인이 원하는 책을 고르면 된다.

원전 번역서를 고를 때는 역자 정보를 반드시 확인하는 것이 좋다. 역자의 전공이 무엇이고 얼마나 능통한지, 가령 그동안 쇼펜하우어나 독일 철학을 번역한 경험이 얼마나 있는지 확인해보는 거다. 더러 원전을 그대로 옮겼다고 하며 역자 정보를 능청맞게 밝히지 않는 책이 있는데 영 이상하다. 아무리 원전을 그대로 옮겨도 역자 소개는 기본이고 번역에 따라 책의 느낌이 많이 달라지는데 그것을 모를 리가 없는 출판사에서 이를 밝히지 않는다는 것은 떳떳하지 못한 느낌이 든다.

한 편집자에게 어떤 번역가가 가명을 써서 출판사 두 곳에서 책을 냈다가 발각된 사건이 있었다는 뒷이야기를 들은 적이 있어서 더욱 께름칙하다. 또 원전인데 '일부 재해석한 부분도 있다'는 말을 언급했다면 쇼펜하우어와 역자의 말을 구별해서 알려주어야 하는데 그렇지 않은 책도 많으니 꼼꼼히 살펴보자.

현대지성에서 출간한 알베르 카뮈Albert Camus 작품인 《이방인 L'Étranger》의 역자 후기를 읽고, 번역가들이 원전의 뉘앙스를 살리기 위해 문장 하나에 얼마나 세심하게 공을 들이는지 알 수 있었다. 유기환 번역가는《이방인》의 첫 문장 'Aujourd'hui, maman est morte'를 우리말로 옮기면서 아래 네 문장 중에서 무엇을 쓸지 고심했다고 한다.

오늘, 엄마가 죽었다.
오늘, 엄마가 돌아가셨다.
오늘, 어머니가 죽었다.
오늘, 어머니가 돌아가셨다.

결국 어법의 일관성, 주인공 뫼르소와 어머니 사이의 거리, 문어냐 구어냐 등을 고려해서 첫 번째로 결정했다는 설명이다.
지식이 많다고 번역이 무조건 훌륭하란 법은 없다. 지식과 가르치는 기술은 별개 문제다. 학창 시절, 똑같은 과목을 가르쳐도 귀에 쏙쏙 들어오게끔 가르치는 선생님과 자장가를 부르는 분이 존재했듯 말이다. 물론 원전의 내용에서 크게 벗어나진 못하겠지만 어휘와 문장의 구조를 독자의 입장에서 좀 더 편안하게 느끼도록 전달하는 기술자들이 있다. 그것은 직접 읽어봐야만 아는데 실제 서점에 가기 어려운 형편이라면 온라인 서점에서도 '미리보기'로 책 일부를 공개하니 역자의 글과 본문 일부를 읽어보면 된다.
대중 입문서의 경우 제목에 '교양' '입문' '쉽게 읽는' '알기 쉬운' '처음 읽는' '10대(연령대)를 위한'과 같은 키워드가 붙어 있는 경우가 많다. '아포리즘'이라는 표현이 들어간 책은 맛보기용으로 적절하다. 표지만 갖고 잘 모르겠으면 온라인 서점 상세페이지에 나온 소개 글을 읽어보는 게 명쾌하다.

원전 번역서의 경우 시리즈로 계속 내는 출판사들이 있으니, 번역이 괜찮았다면 민음사 세계문학 전집, 열린책들 세계문학, 현대지성 클래식과 같은 시리즈물에 의지하는 것도 하나의 방법이다.

'역자'와 '편역' 혹은 '옮긴이' '엮음'의 차이도 알아두자. 우리말로 옮기는 번역자를 뜻하는 역자(옮긴이)는 원전을 가능한 한 정확하고 충실하게 옮긴 사람으로, 원문의 구조와 내용을 유지한다. 편역은 여기에 편집이 들어간다. 알기 쉽게 원문 일부를 수정하거나 축소, 확장하기도 한다. 원문의 의미는 유지하면서도 역자의 의도가 개입된다.

적용하기

온라인 서점에 들어가 여러 번역가가 옮긴 고전문학들을 찾아보고 역자 정보를 눌러 각각 프로필을 살펴보자. 어떤 번역자에게 신뢰와 호감이 가는가.
예) 카프카의 《변신》, 제인 오스틴의 《오만과 편견》, 스콧 피츠제럴드의 《위대한 개츠비》 등

작은 도시의
작은 책방이 가진 큰 매력

책을 좋아하는 사람은 정적일 것이라는 편견이 있다. 하지만 책을 좋아하면서 여행도 즐기는 사람을 여럿 보았다. 공통점은 호기심이 많다는 것. '책은 앉아서 하는 여행'이라는 말도 있듯 두 가지는 비슷한 면이 많은 것 같다.

초보 여행가와 독서 입문자는 서로 닮았다. 아직 자신만의 기준이 없으니 남들의 추천에 따라 방문하고 읽게 된다. 가령 오사카에 간다면 오사카성을 방문하고 대관람차를 타야 한다. 돈코츠 라멘을 먹고 돈키호테에서 동전 파스를 사온다. 책은 베스트셀러 순위부터 점검할 것이다. 잘못됐다는 뜻이 아니다. 누구나 자신의 노하우가 쌓이기 전까지는 앞서간 사람들의 발자국을 따라가기 마련이다.

이러한 안전한 경로가 조금씩 진부하게 느껴진다면 색다른 시도를 해볼 차례다. 두 가지를 혼합하는 방식, 여행지에서 책을 경험하는 것이다. 책방지기의 안목과 취향에 따라 큐레이션한 책을 만나볼 수 있는 장소가 '독립 서점'이다. 전국의 독립 서점을 찾아주는 웹사이트 '동네서점'(bookshopmap.com)에 따르면, 전국에 독립 서점 개수는 972개(2025년 7월 기준)로 적지 않다. 국내 어디로 여행을 떠나도 어렵지 않게 찾을 수 있다.

책만 파는 독립 서점도 있지만, 강연이나 독서/글쓰기 모임을 운영하는 곳도 있다. 독립 서점은 단순히 책을 사고파는 장소라기보다 책을 좋아하는 사람들이 만나는 문화공간처럼 느껴진다. 숙박을 겸한 '북스테이' 겸용 독립 서점도 있는데 언젠가 하루쯤 시간을 온전히 비워 스마트폰을 꺼두고 책 속에 파묻혀 지내보고 싶다. 실제로 초등생 자녀를 키우는 나의 지인은 시간이 날 때마다 딸과 1박 2일로 북스테이를 한다고 했는데 정말 근사하지 않은가. 어릴 적부터 책과 여행을 놀이 삼은 아이는 얼마나 풍요로운 인생을 살게 될지, 나까지 기대가 된다.

전남 순천에서 독립 서점을 운영하기도 했던 《서점의 시대》 저자이자 지역사 연구자인 강성호 씨에 따르면 독립 서점이 우후죽순 생기기 시작한 시기는 2008년부터 2016년 사이다. 그맘때에는 교보문고처럼 대형서점 외에도 각 도시에 중형서점들이 있었는데 이 시기에 경영난으로 많이 사라졌다. 그는 책에서 독립 서점을 '제3의 서점'이라고 표현했다. 제1의 서점은 책을 진열한 채 독자를 기다리는 수동적 서점, 제2의 서점은 사회적인 역할을 모색하는 서점, 제3의 서점은 거기에 독립출판물을 취급하고 주인장이 북 큐레이션을 하며 주인과 방문자들의 이야깃거리가 깃든 곳이다.

독립 서점에서 만난 보석 같은 책들

내가 독립 서점을 종종 찾는 이유가 바로 거기에 있다. 서점 주인이 엄선한 독특한 책을 만나는 일이 즐겁고, 덕분에 잊고 지낸 책을 우연히 만나기도 한다. 대형 종합서점에서는 수많은 책에 압도되어 어디부터 어떻게 살펴봐야 할지 막막해질 때가 있다. 결국 만만한 베스트셀러 근처를 배회하며 늘 보던 책들 사이에서 머문다. 독립 서점은 장소가 좁고 그만큼 책도 적다. 아이러니하게도 그 점이 책을 고르는 시야를 넓혀준다.

　제주 여행 갔을 때 들렀던 독립 서점 중 기억에 남는 세 곳이 있다. 여행 마지막 날, 비행기 시간이 좀 남아 커피를 마시며 책을 읽을 수 있는 공간을 찾고 있었다. 검색해보니 가장 가까운 곳에 '달책빵'이라는 독립 서점이 있었다. 아기자기한 제주 돌담으로 둘러싸여 있는 베이커리 북카페였다. 내가 좋아하는 달과 책과 빵을 조합한 이름이 마음을 움직였다. 안으로 들어가자 높은 천장에 나무 형태 그대로의 멋을 살린 대들보가 시선을 사로잡았다. 카페 겸용 공간이라 책이 많지는 않았지만 개성 넘치는 독립 서적들이 적잖이 있었다.

한 시간여 책을 읽으면서 가끔 고개를 들어 열린 창문으로 불어오는 온순한 제주 바람을 즐겼다. 운영이 녹록치 않은 걸 알기에 독립 서점을 나설 때면 무조건 책을 한 권 이상 사서 나온다. 책을 고르다가 《제주의 말 타는 날들》이라는 '제주스러운' 제목이 눈에 띄었다. 저자 김용희 씨가 제주 도민이냐고 묻자 책방지기가 그렇다고 대답했다. 이곳에서 진행하는 독립출판 수업에 참여한 저자가 출간한 첫 책이라고 하니 더욱 의미 있는 책이었다. 난생처음 승마를 배우는 초보자의 우여곡절을 담은 그 책은, 표지처럼 문체가 아주 귀엽다.

'제주풀무질'이라는 독립 서점도 빼놓을 수 없다. 26년 동안 서울 성균관대 명륜캠퍼스 앞에서 풀무질이라는 같은 이름의 서점을 운영하던 주인이 제주 구좌읍에 와서 차린 곳이다(종로에 있는 풀무질도 청년 주인이 바통을 이어받아 용산으로 이전하여 여전히 운영 중이다). 아담한 한옥 형태의 건물은 소박했고 책은 부족함이 없다. 서점을 찾은 수많은 사람의 명함들이 벽면 사방에 도배되어 있었다.

대형서점 평대에서는 만나기 힘든 수준 높은 인문 사회과학

서적들이 보란 듯 놓여 있다. 대학 시절에 읽(는 척 했)던《민중의 세계사》라든가《난장이가 쏘아올린 작은 공》과 같은 책을 오랜만에 발견하고 반가웠다. 트렌디한 서적들이 쏟아지는 지금에 만난 그 책들은 나를 과거로 회귀시키는 오묘한 기분을 선사했다.

제주 이야기 코너도 따로 마련되어 있다. 유홍준 선생의《나의 문화유산답사기 : 제주편》을 몇 번이나 만지작거리다가 내려놓았다. 보다 독립 서점 풀무질의 느낌을 담은 책을 찾고 싶었다. 결국 고른 두 권은 제주 4.3 70주년에 출간된, 희생자들을 추모하는 시 모음집《검은 돌 숨비소리》와《기후 위기, 체제를 바꾸자》라는 책이었다. 후자의 저자인 장호종 씨는 현직 의사인데 기후 위기의 주요 원인을 비인간적인 자본주의 시스템으로 보고 날카롭게 비판했다. 저자가 궁금해 정보를 찾아보니 반자본주의 주간신문《노동자 연대》의 기자로 다양한 사회운동에 앞장서는 분이었다. 평소 기후 위기에 관심이 있기도 했고 풀무질의 '이달의 독서 모임' 책으로 선정되어 있길래 집어 왔다.

종달리에 있는 '소심한책방'에는 그림책이 꽤 많았다. 2층에는 성산일출봉이 보이는 다락방이 마련돼 있었는데 예약을 하면 두 시간 단위로 대여 가능하다고 안내문이 붙어 있었다. 혼자 와서 책을 읽거나 작업해야 할 일이 있을 때 딱 좋겠다 싶었다. 책방지기의 기획력이 돋보이는 코너들도 눈에 띄었다. 가령, 포장지에 싸서 정체를 감춘 '숨겨둔 책'은 여행 중 친구나 연인에게 서로 선물하면 특별한 추억이 되지 않을까. 제주 곶자왈 커피와 책을 함께 패키징한 선물 세트도 기념품으로 괜찮을 것 같고.

이처럼 흥미로운 독립 서점. 어쩌다 들르는 게 아니라 일부러 여행 코스에 넣을 만하지 않은가. 창원에 사는 독서 모임 멤버 S는 아예 날을 잡고 한 지역을 정해서 '독립 서점 투어'를 하기도 한다. 그는 마치 책을 연료 삼아 움직이는 듯 책방만 다녀오면 목소리가 더 씩씩해졌다.

책이라는 물건을 상상했을 때 고리타분한 이미지가 먼저 떠오른다면, 남들 다 보는 책 말고 독특한 책을 발견하고 싶다면, 여행 코스에 독립 서점을 넣어보길 바란다.

적용하기

독립 서점 안에서 독서를 하고 싶다면 좌석이 있는지, 음료도 판매하는지 미리 확인하자. '동네서점' 홈페이지에 들어가면 전국 독립 서점 지도와 서점 특징, 좌석 수, 휴무일 등을 자세하게 확인할 수 있다. bookshopmap.com

헌책방과
중고서점이라는 노다지

예전에는 유튜브에서 언박싱 영상을 즐겨보는 사람들이 잘 이해가 되지 않았다. 남이 주문한 물건, 택배 상자를 뜯는 모습을 구경하고 싶은 이유가 무엇인지 어떤 욕망이 숨어 있는지 의아했다.

책을 좋아하는 사람이라면 책 택배 상자를 뜯는 30초 남짓한 순간 소소한 행복에 공감할 것이다. 현관 앞에 털썩 주저앉은 채 상자를 개봉한 후 꺼내든 새 책은 광택 있는 몸통에 띠지를 두르고 기름 냄새를 솔솔 풍겼다. '나 잉크도 안 마른 새 책이야'라는 듯 매끈한 자태를 뽐내는 녀석을 요리조리 돌려보며 즐기다가 마침내 언박싱 영상의 매력을 깨달았다. 자신이 관심 있는 물건이기 때문이었다.

새 옷, 새 가구를 샀을 때처럼 새 책을 살 때도 설렌다. 새 책은 보통 출간한 지 한 달도 안 된 신간일 때가 많다. 오래전에 나온 책은 도서관에서 대여하거나 중고서점에서 구하기도 한다. 신간은 그럴 수 없으니, 좋아하는 작가의 책을 하루빨리 받아보고 싶어 주문을 서두른다. 그러나 새 옷도 한 번 입으면 헌 옷이 되듯 새 책도 금방 헌책이 되고 만다. 대한출판문화협회에 납본된 2024년 발행 도서의 종수는 총 64,306종이라고 한다. 매일 새로운 책이 출현하다 보니 금방 신간 딱지가 떨어진다. 헌책도 한때는 베스트셀러 매대를 장식했던 신간의 시절이 있었다. 마치 한 시대를 풍미하다가 대중에게 잊힌 연예인처럼 지금은 아무도 기억해주지 않지만 말이다.

그래서 헌책방의 문을 열고 들어갈 때면 과거로 연결된 블랙홀 속으로 빨려 들어가는 것 같다. 가령 2000년대에 나온 책들의 제목을 훑다 보면 자연스레 풋풋한 스무 살의 내가 된 기분이 든다. 더러 90년대 책들을 발견하기도 하는데, 유물과도 같은 그 책들이 바스러지기라도 할까 봐 조심스러운 손길로 다룬다. 문득, 어린 시절이 떠올랐다. 엄마는 가끔 불광문고(아쉽게도 지금은 사라졌다)에서 내가 읽고 싶은 책을 고르게 해줬다. 그때는 스마트폰 대신 책을 갖고 놀았으니까. 형편이 넉넉지 않아 고르고 골라야 했던 딱 한 권의 책이 얼마나 소중했는지.

어쩌면 새 지식은 헌책방에 있을지도

전북 완주에 삼례책마을이란 곳이 있다. 삼례책마을센터는 헌책방과 북카페로 이루어진 북하우스, 한국학 아카이브, 전시와 강연 시설을 갖춘 북갤러리 등 세 동의 건물로 구성된 곳이다. 일제강점기부터 1950년대 사이에 지어진 양곡창고를 개조해 만들었다고 한다. 양식창고가 지식 창고로 재탄생하다니 의미가 깊다. 남편과 전주 여행을 마치고 돌아오는 길에 들렀는데, 어찌나 이색적이고 흥미로운지 문을 닫는 시간까지 빠져나올 수가 없었다. 게다가 헌책방에서 판매하는 책값은 2천 원에서 5천 원 사이로, 중고서점과는 비교도 안 되는 헐값이었다. 나중에 안 사실인데 헌책방은 업종이 고물상으로 분류된다고 한다.

헌책방이다 보니 신간은 없었지만 그 점이 오히려 내가 사는 현실과 동떨어진 느낌을 주어 매혹적이었다. 고대 유물을 발굴하는 고고학자가 된 것처럼 미로 같은 서가 사이사이를 누비며 책등에 적힌 제목을 탐색했다. 한때 인기 있던 작가의 이름을 발견하면 '요즘은 뭐하고 지내시나' 궁금해져 근황을 검색해보기도 했고, 지금까지도 그때의 명성을 유지하며 집필을 이어오시는 작가들의 이름을 볼 때면 존경스럽고 부러운 마음도 들었다(난 몇 살까지 집필할 수 있을까).

남들이 읽었던 헌책을 판다는 점에서 헌책방과 중고서점

은 같지만 책의 종류는 크게 다르다. 알라딘 중고서점에 가면 가장 먼저 보이는 평대에 출간 3개월밖에 안 된 책들이 수두룩하다. 아직은 신간이라고 불러도 좋을 책을 누군가 깨끗이 읽고 내놓은 것이다. 책 상태도 새것이나 다름이 없고 정가의 10~20% 정도 저렴하게 살 수 있다. 누군가 실패한 책을 팔고 새로운 책을 사서 나갔을 것이다. 반면 헌책방으로 흘러들어온 책은 10년 이상 된 것도 많고, 그러다 보니 종이가 변색됐거나 낙서가 남아 있는 경우도 흔하다. 그렇지만 운이 좋으면 고서의 초판본이나 희귀한 잡지도 구할 수 있다. 그야말로 보물찾기다.

그렇게 책 미로를 거닐다가 내 눈에 띈 책은 2001년에 출간된 탁석산의 《한국의 정체성》이란 얇은 문고본이었다. 청소년 철학책도 한 권 골랐다. 두 권을 합해서 3천 원, 커피 한 잔 값도 안 된다. 마치 지드래곤이 신는 한정판 운동화라도 구한 듯 횡재한 기분이 들었다.

> 도끼 같은 책

잠재력을 가로막는 평균이라는 허상

토드 로즈, 《평균의 종말》, 21세기북스, 2021

뭐든지 싫다고 반항하고 말썽을 가장 많이 부린다는 나이, 미운 7살. 그런데 돌이켜보니 미운 4살도, 미운 6살도 입에 익다. 갑자기 헷갈린다. 너도나도 자신이 키우는 아이가 더 하단다. 도대체 언제가 가장 미운 나이지?

정답은 토드 로즈Todd Rose의 《평균의 종말》이라는 책 속에서 찾을 수 있었다. 책은 그동안 무심코 사용했던 '평균'이라는 단어를 다시금 돌아보게 만든다. 우리는 아주 어릴 적부터 평균에 속하기 위해 노력해왔다. 학창 시절에는 시험이 끝나고 나면 "평균 몇 점 받았어?"라는 질문을 받았다. 커서는 연령대에 맞는 평균적인 삶이 절대적인 기준처럼 느껴졌다. 나 역시 과거 '평균주의자'였음을 고백한다. 평균적인 혼인 나이에서 늦어지자 조바심이 들었고 평균적인 체중에 속하자 안심이 되었다. 평균은 매우 합리적이고 객관적인 기준 같았다.

심지어 아기의 배밀이도 평균 개월 수를 따진단다. 평균보다 늦어지면 여느 부모들은 걱정한다. 그런데 책에 밝힌 사례에 따르면, 아기가 ① 배밀이를 하다가 ② 기고, 그 후에 ③ 걷는 단계도 평균적인 개월 수가 있는 것이 아니었다. 이러한 개념은 문화적 산물이라고 한다. 기다가 걸을 수도 있고 걷다가 갑자기 길 수도 있다는 게 과학자 캐런 아돌프의 주장이다. 실제로 그는 28명의 영유아를 대상으로 기어다니기 전부터 걸음마를 떼는 날까지 발달과정을 추적했다. 그 결과 절반은 배밀이 단계가 없었다고 한다.

예를 들어 파푸아 뉴기니의 한 부족 아이들은 기는 단계 없이 바로 선다. 그 이유는 아기 띠에 업혀 생활하거나, 바닥에서도 절대 엎드리거나 눕지 못하게 막기 때문인데 땅에서 기생충에 감염될 수 있어서다. 이처럼 인간의 발달은 단 하나의 정상적인 경로(평균)라는 게 없다는 게 이 책의 핵심이다.

저자는 우리가 평균주의 늪이라는 수렁에 빠지게 된 계기를 풀어간다. 평균주의는 약 150년 동안 모습을 달리하며 진화해 왔는데 개개인성을 무시한다는 점에서는 일관적이다. 공학자인 프레더릭 윈슬로 테일러는 기업, 학교와 같은 조직에서 인간보다 평균적인 시스템을 우선으로 여겼다. 테일러의 표준화

시스템은 평균이 오류를 최소화한다고 믿는다. 그래서 일하는 방법에서도 자율이나 다양성은 철저하게 무시했다. 창의적 장인보다 표준화된 인간 로봇을 추구하는 것이다. 이러한 공장식 표준화 시스템은 우리가 잘 아는 기업들도 채택했던 방식이다. 프랑스 르노의 자동차 제조, 미쉐린 타이어 제조도 테일러 주의를 응용했다.

이러한 '테일러 주의'는 능률을 높여야 하는 산업주의에 걸맞았다. 그리고 교육계까지 장악하게 된다. 천재보다는 평균적 학생을 키워내는 표준 교육의 시작이다. 관심사나 적성이 아닌 나이별로 나눠 표준화된 시간 동안 모두 똑같은 수업을 받는다. 1920년대 미국 대다수 학교의 역할은 테일러 주의 교육 비전으로 독창성을 억눌러 개개인들을 똑같은 안전 수준으로 기르는 것이었다. 알고보니, 학교 수업 시간을 알리는 종소리는 테일러 주의의 잔재였다. 공장에서 노동자들에게 일할 태세를 갖추라고 울린 종소리를 학교에서 흉내 내다니 서글픈 생각이 들었다.

그런데 이러한 표준화 제도가 왜 호응을 얻었는지 따지고 보면 더욱 화가 난다. 어떤 문제가 발생했을 때 직원이 시스템에 잘 맞추지 못한 탓이라고 허물을 씌우기 좋기 때문이다. 맛이 없으면 네 입맛이 문제지, 평균적인 레시피는 문제가 아니라는 것이다. 예나 지금이나 잘못된 조직문화에는 관리자가 편리한 방식을 고수하는 데서 비롯되는 듯하다.

과연 평균은 최고의 선택일까? 하물며 브루잉 커피 한 잔을 내릴 때도 원두 품종, 분쇄도, 물 온도나 내리는 시간의 미세한 차이에 따라 맛이 달라진다. 그뿐인가. 누구와 함께 마시느냐도 중요하다. 사랑하는 이와 나란히 앉아 석양을 바라보며 마시는 커피 한 잔과 대표실에 불려가 마시는 좌불안석의 커피 맛이 같을 수 없다. 평균적으로 맛있는 커피라는 것은 존재하지 않는다.

다행인 점은 평균주의의 오류를 발견하고 이를 고치려는 사람들이 등장했다는 것이다. 하지만 남들과 다른 길은 역시 쉽지 않았다. 평균의 오류를 주장해봤자 대다수의 평균주의자는 이를 무시했다. 유형, 등급, 평균 중심의 기준을 그동안 편리하게 사용해왔는데 이제 와서 굳이 바꾸고 싶지 않았을 것이다. 하지만 반대에도 불구하고 실험을 멈추지 않았던 에스터 텔렌과 같은 과학자들이 있었다. 그는 평균 대신 개개인성에 주목했다. 비협조적인 분위기 속에서도 평균의 오류를 바로잡으려고 노력한 과학자들의 이야기는 깊은 울림을 주었다.

저자는 평균주의의 늪에서 벗어나려면 교육을 바꿔야 한다고 주장하는데 4년만 채우면 나오는 대학 학위 제도 대신 자격증 취득 졸업 방식을 추천한다. 성적이 아닌 실력으로 평가하고 학생들이 자신의 관련 지식, 기량, 능력을 숙지하는 데 유용한 교육 진로를 스스로 짤 수 있어야 한다고 했다. 그러려면 기업계의 협조가 필요한데, 고용주들이 졸업장이나 학위를 중심으로 채용한다면 대학이 변할 가능성도 희박하다는 것이다.

평균주의의 종말이 오려면 개개인의 다양성을 존중하는 사회적 분위기도 조성되어야 할 것이다. 획일화된 틀에 갇히지 않으려면 스스로도 어떤 부분에 흥미가 있고 잘하는지를 탐구해야 한다(독서는 나를 알아가는 최고의 도구다). 본인이 가진 잠재력을 끌어내는 첫 번째 열쇠는 평균이라는 허상에서 벗어나 자신만의 길을 거침없이 개척하는 용기 아닐까.

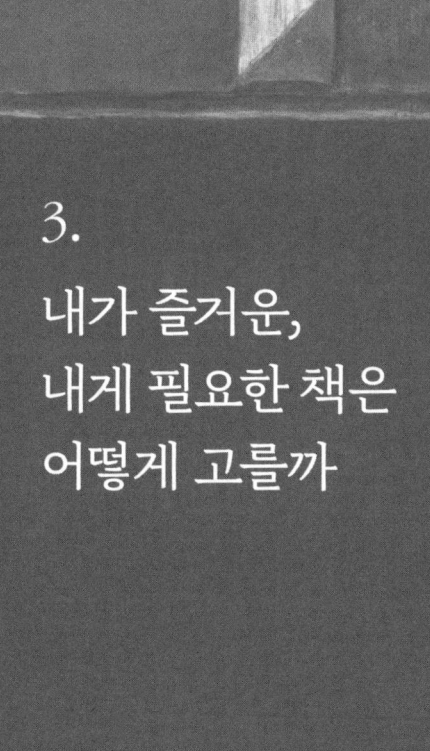

3.
내가 즐거운, 내게 필요한 책은 어떻게 고를까

언제 책이 읽고 싶었는지
주된 니즈 찾기

조지 오웰이 '나는 왜 쓰는가'를 주제로 자문자답했듯, '나는 왜 읽는가'라는 질문을 스스로 던져보았다. 나는 주로 해결법을 찾고 싶을 때 책을 찾았다. 어떤 문제로 골머리를 앓고 있을 때 운명처럼 만난 책은 안정감을 주었고 실제로 해결의 실마리를 풀어가는 데 도움이 됐다. 관계로 힘들어하던 시기에는 아들러 심리학을 읽으며 위안을 얻었고, 인생의 중대사인 결혼에 대해 고민할 때쯤 읽은 법륜스님의 《스님의 주례사》는 새로운 관점으로 결혼을 바라보게 해주었다.

책 속에서 만난 인생 선배의 따뜻하고 때로는 따끔한 가르침은 나의 어두침침한 눈을 밝혀주었다. 평소에는 무심하게 넘겼을 조언이나 충고가, 내가 어려움을 겪는 시기에는 며칠을

굶다가 만난 밥처럼 꿀떡꿀떡 넘어갔다. 현인들이 위험을 감수하고 헤쳐나간 길을 안전하게 뒤따라 걷는 일, 나에게 독서란 삶의 길잡이와도 같았다.

내가 겪어보지 못한 시대나 지역에 호기심이 일 때도 책을 읽었다. 특히 고전 소설은 딱딱한 역사서를 읽지 않아도 등장인물이 사는 배경을 통해 그 시대를 체험할 수 있어 좋았다. 잘 모르는 내용은 늘 검색해서 찾아보았는데 그래야 머릿속에서 그림을 그리기가 좋았다. 흥미로운 스토리로 세계사까지 익히니 재미와 정보를 둘 다 잡는 셈이다.

처한 상황에 따라 읽고 싶은 책, 보탬이 되는 책은 다를 테다. 아래 목록을 참고해 나는 주로 어떤 때 책을 읽고 싶은지 떠올려보자. 그밖에 또 어떤 상황들이 있을 수 있는지 가정해보고 나머지 빈칸도 채워보자.

나는 언제 책을 읽고 싶은가?	눈여겨볼 만한 책
대인관계에 고민이 생겼을 때	심리학, 화법, 마케팅
시간은 많고 심심할 때	추리 소설, 웹소설, 만화
지식의 부족을 느낄 때	철학, 예술, 역사
업무 능력을 높이고 싶을 때	글쓰기, 뇌과학, 실용서
시야가 좁아진 것 같을 때	문학, 역사, 자연과학

역사나 문화가 알고 싶을 때	세계사, 외국 소설
지쳐서 휴식이 필요할 때	시, 에세이, 종교
새로운 취미를 갖고 싶을 때	가드닝, 드로잉, 요가, 악기 입문
자녀 교육에 관심이 생길 때	육아, 동화, 그림책, 청소년
공감과 위로가 필요할 때	에세이, 고전문학
휴가나 여행 중에	
지혜와 슬기가 필요할 때	
좋은 글귀를 새기고 싶을 때	
현실 도피하고 싶을 때	
돈을 많이 벌고 싶을 때	

목적이 분명할수록
좋은 책이 잘 보인다

 자신 있게 '취미는 독서예요'라고 말하려면 어떤 자격이 필요할까. 일주일에 한 번 책을 열어보면 취미라 부를 수 있을까? 적어도 주 3회 이상 읽어야 할까? 한 달에 한 권 이상 읽으면 취미일까? 아마도 연령대, 문해력, 가정환경, 업무시간 등 그 사람의 수준이나 환경에 따라 다를 것이다. 여유 시간이 생겼을 때 책이 가장 먼저 떠오른다면 독서를 취미로 봐도 무방하지 않을까. 그런 의미에서 나의 취미는 독서가 맞다(물론 120개의 취미가 더 있지만).
 독서라는 독특한(?) 취미를 가진 사람들은 도대체 어떤 목적으로 책을 펼쳤을까. 2023년 문화체육관광부에서 발표한 국민독서실태조사에 따르면, 책을 읽는 성인(독서자)의 경우 '마음의 성장' '재미' '자기계발' 순으로 독서 목적을 꼽았다.

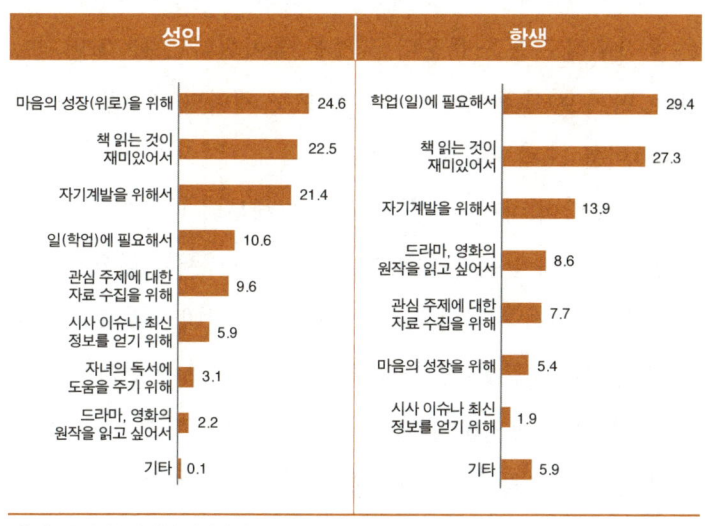

(출처 : 문화체육관광부 발간 〈2023년 국민독서실태조사〉) (단위 : %)

설문조사에 응하느라 그렇지 실제로 독서를 하면서 책의 목적을 의식하는 사람은 많지 않을 것이다. 그런데 나는 그것이 생각보다 중요하다고 본다. 책을 읽는 목적에 따라 마음가짐은 물론 읽는 방식도 달라야 하기 때문이다.

심심풀이용으로 보는 책이라면 몸은 보통 누워 있고 손이 한가롭다. 메모할 펜이나 노트가 굳이 필요하지 않고 온전히 다음 내용을 궁금해하며 읽기를 진행한다. 몰디브 해변의 선베드라면 가장 흡족하겠지만 이야기에 흠뻑 빠져드는 순간부터는 집안의 소파나 침대 위도 크게 다를 바 없다. 세상에서 가장 편안한 자세를 취한다. 방해받지 않을 정도의 음악 소리, 가벼운 주전부리로 흥을 돋운다. 맥주를 좋아한다면 한 캔 따줘야 한다. 마치 야식을 시켜 넷플릭스 보듯 재미와 쾌락을 추구하는 것, 이를 '오락 독서'라고 부르자.

반면 오락이 아닌 '목적 독서'는 자세부터 다르다. 보통 책상 앞에 자리를 잡는다. 자기계발, 지적 탐구, 서평을 쓰기 위한 책 읽기다. 특히 서평이 목적이라면 읽는 내내 머릿속이 바쁘다. 끊임없이 자문한다. '저자의 핵심 주장은 무엇인가?' '나는 동의하는가?' '동의하지 않는다면 그 이유는?' '또 다른 예시를 내 주변에서 찾자면?' '비슷한 메시지를 다룬 책이 뭐였지?' '예전에 다큐멘터리에서 관련 내용을 본 적이 있는데?' 등등 내용을 곱씹고 분석하며 읽는다. 비판할 부분도 찾아본다. '저자는 자신의 느낌을 확고부동한 진리인 양 주장하고 있어.' '성급한 일반화의 오류 아닌가?' '사례는 없고 추상적인 설명뿐이라 와닿지 않네.'

덩달아 손도 바빠진다. 형광펜으로 밑줄을 긋고, 독서 노트에 메모하고, 책 귀퉁이를 접는다. 펜이 없으면 스마트폰으로 중요한 페이지를 사진 찍어서 스캔해놓고 나중에 찾아본다. 읽다가 배경지식이 필요한 내용이 나오면 검색해서 읽어본다.

오락 독서와 목적 독서를 구분하는 일은 책을 눈으로만 읽을 것이냐, 손으로도 읽을 것이냐를 결정하는 일인 셈이다. 흔한 일은 아니지만 오락용으로 책을 집어 들었다가 공부용으로 확장되는 경우도 왕왕 있다. 목적이 출현한 것이다. 기대했던 것보다 책이 유용하다거나 훌륭한 문장이 많이 나올 때, 나는 비스듬히 누워 있던 몸을 일으켜 세우고 자세를 고쳐 잡는다. 반대로 목적 독서로 시작했는데 재미에 빠지는 일은 숱하다. 앎이란 원래 재미있는 법이니까.

오락 독서는 완독의 부담이 적다. 읽다가 기대에 못 미치거나 지루하면 덮어도 그만이다. 반면, 서평을 써야 하는 독서라면 지루하더라도 끝까지 읽어야 한다. 책 전체를 읽지 않고 쓰는 서평은 찜찜하다. 놓치는 부분이 있을 수 있어 신뢰도도 떨어진다.

서평의 목적도 세분화할 수 있다. 독서 모임에 참여하기 위해 쓰는 서평이 있고, 불특정 다수에게 책을 소개하거나 추천하기 위한 서평이 있다. 전자는 나의 감상과 주관적인 생각이 많이 들어가기 때문에 독후감에 가깝고 후자는 상대적으로 객관적인 시각을 유지하고자 애쓴다.

자기계발용 독서의 목적은 크게 두 종류다. 내가 사는 세계에 잘 적응하기 위한 목적, 다른 하나는 적응하지 않기 위한 목적이다.

적응하기 위한 목적으로 읽는 책은 가령, 데일 카네기^{Dale}

Carnegie가 쓴 《인간관계론 How to Win Friends and Influence People》을 비롯한 관계에 필요한 기술(심리, 화술, 처세)을 알려주는 책들이다. 자본주의 사회에서 배를 곯지 않으려고 김승호 회장의 《돈의 속성》과 같은 책도 읽는다. 내가 하는 일을 더 잘하고 싶어서, 이를테면 작법서나 문해력과 관련된 책, 말을 잘하고 싶어서 아나운서가 쓴 말하기 책을 읽기도 했다.

그렇다면 적응하지 않기 위해서 읽는 책은 무엇일까. 어쩌면 이 목적이 더 중요하다. '내가 원하는 나'로 살아가려면 꼭 필요한 독서이기 때문이다. 예를 들어, 고병권의 《사람을 목격한 사람》은 장애인, 이주민, 불법체류자 등 차별을 받는 소수자와 관련된 이야기를 다루었다. 내가 잘 몰랐던(혹은 눈감았던) 소외된 사람들의 삶과 투쟁을 다루는 책, 시를 포함한 다수의 문학작품도 그렇다. 주로 연약한 것, 상처받은 이들의 목소리를 대변한다. 이런 책을 읽으면 마음이 불편해진다. 내가 잘 적응해서 살고자 했던, 사뭇 공정해 보이는 이 세계가 사실은 몹시 비뚤어져 있으며 나의 평화는 누군가의 희생으로 지탱되고 있다는 점을 직시하게 되기 때문이다.

이런 책은 재미있지 않고 그다지 당기지도 않기 때문에 '오락 독서'가 될 수 없어 자기계발로 분류한다. 우리말샘 국어사전에서는 '자기계발'을 이렇게 정의한다. '잠재하는 자기의 슬기나 재능, 사상 따위를 일깨워 줌'. 불편함을 감수하며 부족한 공감 능력과 아둔함을 일깨우고 비판적인 시각을 기르는 독서이니 자기계발이 맞다.

오락용이든, 공부 목적이든 책을 좋아하는 사람들은 모두 친구다. 말초적인 자극이 난무하는 지금에 적요하게 사색하는 틈을 마련하는 이들은 보기 드무니 발견하거든 의초로이 지내자.

적용하기

내가 읽고 싶은 '오락 독서'와 '목적 독서'의 책을 각각 3권씩 꼽아보자.

베스트셀러는 한 가지가 아니다

한 작가가 블로그에 자신의 신간이 출간 일주일 만에 베스트셀러가 되었다며 감격에 벅찬 감사의 글을 올렸다. 이토록 책이 안 팔리는 시국에 나오자마자 베스트셀러가 되다니 내심 부러워하며 어떤 책인지 궁금해서 검색해봤다. 포털사이트에서는 분명 '베스트셀러'라는 빨간 딱지가 붙어 있었지만 온라인 서점 베스트셀러 순위에서는 찾아보기가 힘들었다. 도대체 베스트셀러는 누가 정하는 것이고 그 기준은 무엇일까.

낯선 지역에서 밥 먹을 곳을 찾다가 한 식당 앞에 사람들이 줄지어 선 모습을 보면 자연스레 뒤에 서게 된다. '인기 있는 데는 뭔가 이유가 있겠지' 하는 심리를 '밴드웨건 효과'를 일컫는다. 밴드웨건이란 퍼레이드를 할 때 맨 앞에서 악단을 이끄는 차인데, 미국의 경제학자 하비 라이벤슈타인이 유행하거나 잘 팔리는 것에 소비가 더 쏠리는 현상을 이에 비유했다.

책도 이윤을 남겨야 하는 상품인지라 밴드웨건 효과를 노리는 마케팅을 피하기 힘들다. '출간 즉시 베스트셀러!' '출간 한 달 만에 10만 부 판매 돌파' '전국 서점 부동의 1위, 화제의 책' 등의 광고 문구를 보면 한 번이라도 더 돌아보는 것이 사람 심리 아닌가. 부가 더 큰 부를 끌어당기듯, 베스트셀러 순위에 오르면 베스트셀러가 된다(?). 그래서 책이 출간되자마자 홍보에 총력을 기울이는 것이다.

수많은 베스트셀러의 기준

그러나 기대가 크면 실망도 큰 법. 명성에 비해 내실이 부족한 경험을 종종 하면 베스트셀러에 도리어 반감이 생기기도 한다. 베스트셀러가 '누구에게나 좋은 책'을 뜻하는 것은 아니다. 베스트셀러란 말 그대로 '잘 팔리는 물건'이다. 몇 부 이상 판매가 되어야 한다는 기준이 없으니 상대적인 개념이다. 기간에 따라 분류하기도 한다. 일주일 동안 반짝 판매가 잘 되었다면 '주간' 베스트셀러다. 그보다 더 길어지면 월간, 연간으로 넘어가는데 보통의 독자가 베스트셀러라는 단어에 갖는 기대감은 대개 '연간' 베스트 급이기 때문에 실망이 잦은 것이다. 연령대에 따라 따로 분류하기도 한다. 서점에 따라 조금씩 다르다. 물론 종합 베스트셀러도 있다. 그러니까 '이 책은 베스트셀러입니다'라고 홍보했을 때는 기간과 분야, 연령대 등이 어떻게 반영됐는지도 함께 살펴보아야 한다.

베스트셀러와 유사한 개념으로 스테디셀러와 밀리언셀러가 있다. 스테디셀러는 꾸준히 팔리는, 생명력이 질긴 책을 말한다. 출간 후 1~2주 동안 반짝 베스트셀러 10위에 오르는 것보다 3년 동안 100위 권 안에 머무르기가 더 어려운 법이다. 마치 새해가 되면 누구나 영어 공부와 다이어트를 시작하지만 6개월 넘게 지속하는 사람은 거의 없는 것처럼. 나는 그래서 스테디셀러가 조금은 더 검증된 책이라고 판단한다. 마케팅의 힘만으로 책의 생명을 오래도록 이어가기란 불가능하니까. 그렇다고 꾸준히 팔린 책이 무조건 훌륭하다는 뜻은 아니다. 밀리언셀러는 백만 부 이상 팔린 책을 뜻하니 그 누구도 반박하기 힘든 베스트셀러가 맞다.

교보문고는 지난 2002년 10월부터 2024년 4월까지 매월 100권 이상 판매된 도서 중에서, 5년 이상 꾸준히 판매되어 온 최장기 스테디셀러 100종(인문교양, 문학, 비즈니스, 어린이 분야 교보문고 판매기준)을 발표했다. 최장 스테디셀러 1위는《호밀밭의 파수꾼》으로, 2004년 11월부터 234개월 연속으로 매월 100권 이상 판매되는 기록을 세웠다. 이어 2위는 《데미안》이, 3위는 《사과가 쿵!》이 차지했다. 교보문고 5년 스테디셀러 1~10위 책만 소개하자면, 위에서 말했던 《호밀밭의 파수꾼》(민음사)과 《데미안》(민음사), 《사과가 쿵!》(보림)에 이어 《생각의 탄생》(에코의서재), 《시크릿》(살림Biz), 《코스모스》(사이언스북스), 《1984》(민음사), 《참을 수 없는 존재의 가벼움》(민음사), 《동물농장》(민음사), 《위대한 개츠비》(민음사)이다.

분야별로 베스트셀러를 가르기도 한다. 인문, 에세이, 과학 베스트셀러를 따로 구분하는 것이다. 심지어 그 안에서도 세분화할 수 있다. 에세이로 예를 들면, 예스24에서는 감성/가족 에세이, 나이듦에 대하여, 독서 에세이, 동물 에세이, 명사/연예인 에세이, 명상/치유 에세이, 삶의 자세와 지혜, 여성 에세이, 여행 에세이, 연애/사랑 에세이, 예술 에세이, 음식 에세이, 일기/편지글, 자연 에세이, 포토 에세이, 휴먼 에세이, 그림 에세이, 외국 에세이, 한국 에세이를 따로 분류해서 해당 베스트셀러를 각각 살펴볼 수 있다.

한 책이 여러 분야에 걸쳐 분류되기도 한다. 나의 책 《따라 쓰기만 해도 글이 좋아진다》는 대분류로 인문, 자기계발, 에세이 세 곳에 속하고 세분된 분류에서는 각각 글쓰기 일반, 창조적사고/두뇌계발, 독서 에세이에 속해 있다. 서점의 세부 카테고리를 잘 활용하면 원하는 목적에 부합하는 책을 찾을 수 있다. 혹은 내가 어떤 책을 원하는지 나조차 모를 때 온라인 서점의 분야 목록을 살펴보면 나의 읽고자 하는 동기가 무엇인지를 각성할 수도 있다.

요즘은 인기 연예인이나 아이돌이 본다고 하면 갑자기 화제가 되면서 베스트셀러가 되는 경우도 종종 있다. 누가 읽는 모습이 화면에 잡히면 출판사에서도 이를 놓칠세라 '○○○이 읽었던 책'이라고 홍보한다(물론 팬들은 이미 그 전에 알고 있다). 지금보다 TV의 영향력이 막강했을 때는 더했다. 2000년대 초반 MBC《느낌표》라는 프로그램에〈책책책 책을 읽읍시다〉라는 독서 코너를 참 재미있게 보았다. 당시《느낌표》에서 소개된 책은 어김없이 종합 베스트셀러 1위에 오를 정도였다.

《느낌표》에서 소개된 책 목록(총 25종)

《괭이부리말 아이들》(김중미, 창비)

《봉순이 언니》(공지영, 해냄)

《그 많던 싱아는 누가 다 먹었을까》(박완서, 웅진지식하우스)

《무량수전 배흘림기둥에 기대서서》(최순우, 학고재)

《신경림의 시인을 찾아서》(신경림, 우리교육)

《아홉살 인생》(위기철, 현북스)

《모랫말 아이들》(황석영, 문학동네)

《백범일지》(김구, 돌베개)

《그러나 나는 살아가리라》(유용주, 솔, 절판됨)

《혼자만 잘 살믄 무슨 재민겨》(전우익, 현암사)

《마당 깊은 집》(김원일, 문학과지성사)

《삼국유사》(일연, 을유문화사)

《야생초 편지》(황대권, 도솔, 절판됨)

《정민 선생님이 들려주는 한시이야기》(정민, 보림)

《톨스토이 단편선》(레프 톨스토이, 인디북)

《곽재구의 포구기행》(곽재구, 해냄)

《가방 들어주는 아이》(고정욱, 사계절)

《달님은 알지요》(김향이, 비룡소)

《지상에 숟가락 하나》(현기영, 창비)

《내 생애의 아이들》(가브리엘 루아, 현대문학)

《고기잡이는 갈대를 꺾지 않는다》(김주영, 문학동네)

《나의 라임 오렌지나무》(J.M. 바스콘셀로스, 동녘)

《시가 내게로 왔다》(김용택, 마음산책)

《정재승의 과학콘서트》(정재승, 어크로스)

《희망의 이유》(제인 구달, 김영사)

    책을 쓰는 사람으로서, 책 자체의 힘보다 매체나 홍보에 따라 운명이 갈리는 현실은 마냥 웃을 수만은 없다. 씁쓸한 마음도 들고 어쩔 수 없는 부분이란 체념도 든다. 책도 결국엔 상품이고 제작하는 데 돈이 들며 그 비용을 회수하지 못하면 힘들어지는 사람들이 존재하니 말이다. 그들은 그들의 일을 하고, 독자는 현명한 눈을 갖도록 노력하는 게 지금의 최선이 아닐까 싶기도 하다. 남들이 많이 본다고 무조건 따라가기보다 내게 필요한 책의 분야를 세분화하고 얼마나 오랜 기간 사랑을 받았는지도 고려 사항에 넣어서 꼼꼼히 따지면 만족할 만한 책을 찾을 수 있을 것이다.

1980년대~2010년대 베스트셀러

책은 책이 나온 시대상을 고스란히 담고 있다. 그 시대에 살았던 사람들의 관심사, 고충을 글로 보여준다. 잘 팔린다는 것은 시대의 흐름과 욕구를 잘 반영했다는 뜻이기도 하다. 베스트셀러의 변천사(교보문고가 발표한 시대별 베스트셀러 분석 참고)를 살펴보면 우리가 어떤 시대를 건너왔는지 되짚어 볼 수 있어 흥미롭다.

1980년대, 그러니까 내가 아주 어려서 아직 활자를 읽지 못했던 그때는 민주화를 열망하는 목소리가 담긴 책이 잘 팔렸다. 정치적 검열이 심해 직접적으로 메시지를 드러내기 힘들어서 김홍신의 《인간시장》과 같은 풍자 소설이 인기를 끌었고,

김지하의《타는 목마름으로》처럼 상징으로 표현하는 시가 전성기를 맞이했던 시기이기도 하다.

1990년대에 중요한 사건으로 1997년 IMF 사태, 외환위기를 빼놓을 수 없다. 열심히 직장생활을 하던 가장들은 하루아침에 구조조정으로 일자리를 잃었고, 자영업자들도 오랜 가업을 정리해야 했다. 모두가 힘들었던 그때 마크 빅터 한센과 잭 캔필드의《마음을 열어주는 101가지 이야기》와 같은 희망과 위로를 건네는 에세이가 많이 읽혔다. 시한부 인생을 사는 40대 가장의 이야기를 다룬 김정현의 소설《아버지》도 선풍적이었는데 어린 나도 읽으면서 눈물을 쏟은 기억이 난다. 그 시대에 생계를 책임지는 가장은 대부분 중년 남성이었기에 독자들에게 많은 공감을 이끌었다는 분석이 있다.

2000년대에는 마침내 실용서, 자기계발서의 시대가 열렸다. 부와 성공을 갈망하는 욕구는《미라클 모닝》과《시크릿》의 성공으로 드러났다. 믿는 대로 이루어진다는 긍정 마인드를 퍼뜨린 책으로 조엘 오스틴의《긍정의 힘》이 있다.

2010년대에는 힐링 서적 열풍이 불었다.《아프니까 청춘이다》《미움받을 용기》도 이때 출간되었다. 베스트셀러 1위를 차지한 책 중에는《정의란 무엇인가》도 있는데 대중이 사회 정의에 관심을 쏟게 된 다양한 사건들이 그즈음 있었다는 사실을 상기시킨다. 하완 작가의《하마터면 열심히 살 뻔했다》와 같은

'힘을 빼자' 식의 에세이가 한동안 유행하더니 2020년대로 넘어가서는 다시 하루하루를 알차게 살아내는 자기계발 욕구, 이른바 '갓생'이 트렌드가 되었다.

앞으로는 어떤 책들이 '잘 팔리게' 될까. 사람들은 어떤 책을 읽고 싶어 할까. 저자들이 세상을 향해 눈을 크게 뜨고 귀를 기울일 수밖에 없는 까닭이다.

추천 도서도
한 가지가 아니다

 도서관 글쓰기 수업을 마치고 나면 가끔 난감한 질문을 받을 때가 있다. '인생 책'이나 '추천 도서'를 알려달라는 것인데, 나에게 아무리 도움이 되고 감명 깊었던 책이라도 남들에게도 그러란 법은 없기 때문이다. 독자가 책을 통해 얻고 싶은 게 무엇인지, 문해력이나 지적 수준은 어느 정도인지 알지 못하는 상태에서 추천하는 책은 만족도가 떨어질 수밖에 없다. 책을 통해 얻고 싶은 것이 정확히 무엇인지 본인에게 먼저 물어야 한다. 하지만 아직 독서 경험이 충분하지 않다면 스스로 답을 구하기 쉽지 않다. 자신의 독서 동기나 취향을 잘 모르겠다면 검증된 추천 도서를 활용해보자.

 가장 지적인 사람들이 모여 있을 것 같은 '서울대 추천 도서'

를 참고할 수도 있다. 서울대중앙도서관 사이트에 들어가면 한 달간 가장 많이 대출된 인기도서 순위를 볼 수 있고 필터를 설정해 학과별 인기도서도 구경할 수 있다. 팟캐스트나 북튜브를 보고 정보를 얻거나 SNS나 블로그에 올린 서평도 참고해서 책을 고르기도 한다.

도서관 사서 추천 도서

일상에서 책을 가장 많이 접하는 사람이 누굴까. 책에 둘러싸여 사는 도서관 사서가 순위권에 들지 않을까. 국립중앙도서관에서는 2006년부터 짝수월마다 분야별 사서 추천 도서를 공개하고 있다. 현재 약 1,400권의 추천 도서가 등록돼 있는데 크게 문학, 인문과학, 사회과학, 자연과학으로 분류되어 있다. 6월과 12월에는 시의성 있는 테마별 도서도 선정해 발표한다. 사서 추천 도서는 최근 6개월 이내에 출간된 전문성이 높은 책들을 대상으로 서점의 베스트셀러는 최대한 배제하고 1차로 사서 2명이, 2차로 사서사무관 5명이 심의를 하는 등 꽤 까다로운 절차를 통해 선정한다고 하니 신뢰할 만하다.

책을 추천하는 이유와 '함께 읽으면 좋은 책'(문체부 누리집) 까지 덤으로 소개한다. 가령 2024년 6월에 인문예술 분야 사서 추천 도서로 정희섭 작가가 40개국 69개의 도시 속에 숨겨진 이야기들을 12개 주제로 엮은 책《도시의 맛》을 선정했고, 함께 읽으면 좋은 책으로 강우원 작가의《시티도슨트》, 노은주, 임형남 건축가의《도시 인문학》, 유현준 건축가의《도시는 무엇으로 사는가》를 추천했다. 신간이 아니어도 두루 후보군에 넣고 대중적으로 알려진 저자와 그렇지 않은 저자도 섞어서 선정하니 새로운 책을 발굴하기 좋다.

*접속 방법: 국립중앙도서관 누리집nl.go.kr→ 컬렉션 → 사서추천도서
문체부 누리집mcst.go.kr→ 문화광장→ 추천도서('함께 읽으면 좋은 책' 소개)

이동진 작가 추천 도서

2만 3천 권이 넘는 장서를 보유한 '닥치는 대로' 책을 읽는 독서광, 이동진의 추천 도서 목록도 참고할 만하다. 특히 그가 하는 영화 평론에 공감하는 편이라면 책도 그럴 것이다.《닥치는 대로 끌리는 대로 오직 재미있게 이동진 독서법》3부에는 읽었던 책 중 권하고 싶은 800권을 목록으로 만들어 소개하기도 했다. 수많은 책 속에서 추리고 추려낸 만큼 기대가 된다. 분야별

분류가 아닌 '감각과 감정' '악과 부조리' '언어와 일상'처럼 책이 담고 있는 주제나 문제의식을 위주로 묶어 놓아서 내가 흥미 있는, 혹은 알고 싶은 분야의 지식을 확장할 수 있다.

교보문고 추천 도서

우리나라에서 제일 큰 서점인 만큼 교보문고에서도 다양한 추천 도서 목록을 제공하고 있다. 교보문고 홈페이지에서 왼쪽 메뉴를 클릭한 뒤 오른쪽 '스페셜 코너' 하단의 '추천'을 누르면 다양한 추천 도서 목록이 나온다. 어떤 책을 읽어야 할지 갈피를 못 잡겠다면 교보문고 추천 도서 목록들이 친절한 가이드가 되겠다(107쪽 참고).

꼬리에 꼬리를 무는 추천 도서

독서 고수들의 추천보다 더 신뢰할 만한 추천 도서 목록이 있다. 바로 '꼬꼬무 추천 도서'다. 꼬리에 꼬리를 물듯 지금 읽고 있는 책에서 언급된 책을 이어 읽는 것이다. 지금 읽는 책이 흥미롭다면 그 책에서 인용하거나 언급하는 책들에 저절로 관심

교보문고 추천도서

문학상 추천도서
- 국내문학상
- 해외문학상
- 어린이문학상
- 청소년문학상

미디어 추천도서
- 언론사 선정 올해의 책
- tvN/KBS
- 주요일간지 소개도서
- 고도원의 아침편지
- 뉴욕타임즈 추천

교보문고 추천도서
- 역대 교보문고 베스트셀러
  - 1990년대~2023년

전문기관 추천도서
- 국립중앙도서관 사서 추천도서
- 국립어린이청소년도서관 사서 추천도서
- 아마존 선정 인생책 100
- 세종도서 우수교양도서
- 우수출판콘텐츠 제작 지원
- 올해의 환경책
- 한국의 아름다운 책 100
- 우수과학도서
- 동아시아 100권의 책

초/중/고 추천도서
- 교과서수록도서
- 청소년 권장도서
- 학년별 추천도서

대학생 추천도서
- 서울대권장도서 100선
- 대학신입생 추천도서
- 성균관대 성공 고전 100선
- KAIST 신입생 필독서

*상세한 추천도서 목록은 교보문고 사이트 참조

이 생기기 마련. 내가 재미있게 읽은 A라는 책을 쓴 저자가 집필에 활용한 책 B를 찾아서 읽은 다음, B에서 등장하는 책을 또 찾아 읽는다. 마치 어지럽게 엉킨 덩굴식물의 뿌리 끝이 어디인지 수색하듯 책의 시원을 찾아 거슬러 올라가 본다. 본문이나 각주에도 참고한 책들이 나오지만 보통 책의 마지막 장에 참고문헌으로 친절하게 정리되어 있다. 내가 재미있게 읽은 책의 작가가 추천해주는 책이 나에게 가장 쓸 만한 추천 도서가 되어준다.

참고로 내가 감명 깊게 읽은 책《감옥으로부터의 사색》은 유시민 작가의 책을 읽다가 처음 알게 되었다. 책을 읽은 뒤 신영복 선생의 연대 의식과 겸손을 배우고 싶어서 그의 인생이 자연스럽게 궁금해졌고《신영복 평전》이나《더불어숲》《담론》과 같은 책도 꼬리에 꼬리를 물고 찾아 재미있게 읽었다. 문학도 마찬가지다. 지인의 추천으로《쇼코의 미소》를 통해 최은영 작가를 처음 알게 되었고 그에게 반해《밝은 밤》《아주 희미한 빛으로도》를 이어서 읽게 됐다. 이제 그가 내는 책은 무조건 사서 읽는 팬이 되었다.

처음에는 무엇이 나와 잘 맞는 책인지 몰라 갈팡질팡하는 게 당연하다. 타인의 추천 도서는 자동차 내비게이션 안내처럼 불안감을 덜어준다. 하지만 초보운전자는 내비게이션을 보고도 길을 헤맨다. 마침내 운전이 능숙해지면 내비게이션을 켜지 않고 출발하거나 때로는 모르는 길도 모험해보게 된다. 그렇게 가도 큰일이 생기지 않는다는 것을 깨닫기 때문이다.

지식 커뮤니케이터
200% 활용하는 법

혼자 밥 먹을 때는 주로 유튜브를 본다. 아직 한 손으로 젓가락질하면서 다른 한 손으로 책을 넘기는 위인은 못 된다. 추억의 옛날 예능도 찾아보고 귀찮을 때는 그저 알고리즘에 맡기기도 한다. 구독하고 챙겨보는 채널도 있는데 〈조승연의 탐구생활〉이나 〈이동진의 파이아키아〉 〈최재천의 아마존〉 같은 지식정보 채널들이다. 내가 가보지 못한 나라들의 문화와 역사, 영화 속에 담긴 의미, 기후 위기 문제까지 박학다식한 전문가들이 수려한 언변으로 알기 쉽게 풀어주니 얼마나 고마운지 모른다. 친절한 자막에 CG 효과까지 풍성하게 넣어 지루할 틈이 없다. 재미있는데 유익하기까지 하다.

문학 작품만이 줄 수 있는 깊은 울림은 논외로 치더라도, 지적 갈증은 그들이 소개하는 유튜브 콘텐츠를 보면서 채우면 되지 않을까 하는 생각이 들었다. 무엇보다, 시간을 아낄 수 있지 않은가. 책 한 권을 읽고 지식을 채우려면 문해력의 수준이나 책의 난이도에 따라 다르겠지만 10시간까지도 걸린다. 그러나 지식 커뮤니케이터들의 영상은 길어봤자 20분이다. 짧은 시간 안에 유익한 지식을 얻고 시간도 아끼고, 아낀 시간은 다른 자기계발에 쓰면 더 좋지 않을까.

게다가 그들은 자신의 전문 분야 외에도 폭넓은 지식을 바탕으로 이따금 베스트셀러나 의미가 있는 책들을 골라서 사회 현상과 엮어 맛깔나게 리뷰해준다. 이동진 평론가가 요약해주는 《총, 균, 쇠》는 세상에서 가장 쉽고 흥미진진한 교양서처럼 느껴지고 최재천 교수가 알려주는 《이기적 유전자》는 일부만 듣고도 대충 어떤 책인지 파악한 '느낌'이 들게 한다. 책을 직접 읽어본 사람만이 그 엄청난 간극을 알 것이다.

희한하게도 장점은 단점이 되는데 쉽게 이해하면 쉽게 잊어버린다. 책을 파악하려는 나의 노력이 적게 들어갔기 때문이다. 지식 커뮤니케이터의 말이 쉽고 이해가 잘 되는 이유는 분석, 비판, 추론, 요약, 비교 등 내가 치러야 할 고단한 사고의 여정을 그들이 대신 수고해주었기 때문이다. 지식 커뮤니케이터가 나 대신 문해력을 키운 셈이다.

영상과 책이 지닌 특성의 차이도 있다. 영상 시청이 주입식

교육이라면 책은 자기주도 학습이다. 책은 가만히 있으면 절대 떠먹여주지 않는다. 끈기 있게 질문을 던지고 스스로 답을 찾아가며 한 문장씩 전진해야 한다. 머릿속이 바쁘다. 영상이 제공되지 않으니 스스로 이미지를 그리면서 상상력도 자극된다. 텍스트 정보를 시각적 이미지로 변환할 때 뇌는 다중 감각 처리를 해 더 선명하게 오래 기억한다. 잘 이해가 가지 않는 문장은 천천히 속도를 조절하면서 읽거나 다시 돌아가서 읽기도 한다. 결론적으로 일회적인 깨달음이 아니라 지식을 내 것으로 만드는 데에는 독서가 더 유리하다.

지식 커뮤니케이터의 콘텐츠들을 마트의 시식 코너처럼 활용하면 어떨까. 배고픈 상태로 마트에 가면 정신을 차리기 힘들다. 양념갈비, 만두가 구워지는 고소한 냄새며 후식으로 파인애플까지 작게 잘라 건네준다. 시식용 음식을 맛보고 계획에 없던 음식을 장바구니에 담은 경험이 있을 것이다. 마찬가지로 지식 커뮤니케이터의 책 소개 영상을 보고 구미가 당기면 해당 책을 읽어보는 것이다. 특히 어려운 책들은 어느 정도 배경지식이나 핵심 줄기를 먼저 인지한 상태에서 읽기 시작하면 초반에 헤매는 일이 덜하고 이해도 더 잘된다. 이렇게 하면 독서량도 늘고 어떤 책을 읽어야 하나 고민도 해결된다.

지식 커뮤니케이터들을 영상에 그치지 않고 책으로 만나도 좋다. 말만 잘하는 사람들이 아니다. 그들이 쓴 책은 또 얼마나 깊이 있는 내용을 차근차근 풀어냈는지. 단편적인 영상과 달리 책은 하나의 주제에 깊이 파고들고 천천히 내 속도대로 흡수할 수 있다. 분야별 대표적인 지식 커뮤니케이터와 그의 저서들을 정리해봤다.

과학	과학상식	사물궁이 잡학지식	《사소해서 물어보지 못했지만 궁금했던 이야기》
	뇌과학	장동선	《AI는 세상을 어떻게 바꾸는가》《뇌 속에 또 다른 뇌가 있다》
		정재승	《정재승의 과학콘서트》《열두 발자국》
	물리학	김범준	《과학을 보다》《김범준의 이것저것의 물리학》
		김상욱	《하늘과 바람과 별과 인간》《떨림과 울림》
	생물학	최재천	《최재천의 곤충사회》《생명이 있는 것은 다 아름답다》
	천문학	심채경	《천문학자는 별을 보지 않는다》
	천문우주학	궤도	《과학이 필요한 시간》《궤도의 과학 허세》
건축		유현준	《공간의 미래》《유현준의 인문 건축 기행》
심리	육아	오은영	《오은영의 화해》《어떻게 말해줘야 할까》
	인지심리학	김경일	《마음의 지혜》《지혜의 심리학》
역사	한국사	심용환	《1페이지 한국사 365》《단박에 한국사》
		최태성	《역사의 쓸모》《최소한의 한국사》
	세계사	썬킴	《썬킴의 거침없는 세계사》《썬킴의 세계사 완전 정복》
인문	역사, 정치	유시민	《거꾸로 읽는 세계사》《국가란 무엇인가》
	영화, 책	이동진	《이동진이 말하는 봉준호의 세계》《닥치는 대로 끌리는 대로 오직 재미있게 이동진 독서법》
	인문상식	채사장	《지적 대화를 위한 넓고 얕은 지식》《시민의 교양》

독립출판물,
낯선 형식이 주는 생각의 전환

이번 생일에는 좋아하는 것들로 온전히 하루를 채워보기로 했다. 짝꿍은 내가 스페인 음식에 정신 못 차리는 것을 알고 현지와 비슷한 맛을 낸다는 스페니시 레스토랑에 데려가줬다. 하몽과 먹물 빠에야를 순식간에 해치우고 후식으로 설탕이 뿌려진 추로스까지 즐기면서(초콜레타에 찍어서!) 생일의 달콤함을 만끽했다. 그리고 향한 곳은 다름 아닌 책방. 책방에서 책을 구경하고 커피 한 잔을 홀짝이며 책장을 넘기는 것이 내가 가장 선호하는 휴식이다. 마침 근처에 북카페를 겸하는 독립 서점이 있었다.

대형서점에서도 익히 보았던 에세이와 자기계발서도 있었지만 내 시선을 붙잡은 곳은 '독립출판물' 코너였다. 가장 먼저 눈에 띈 것은 여권이었다. 아니, 정확히 말하면 일본 여권 모양의 책이었다. 여권과 동일한 크기의 붉은 표지에 금박으로 새겨 있는 글꼴이며, 똑 누가 흘리고 간 여권처럼 보였다. 홀린 듯 그것을 열어보았다. 날짜별로 깨알만 한 글씨가 적혀 있었는데, 내용을 조금 읽어보니 일본 여행 에세이였다. 중간중간에 삿포로에서 찍은 컬러 사진들이 들어가 있었고 여행 동선을 담은 조그만 지도도 실려 있었다. 여행 에세이를 여권 모양으로 만들다니 기발한 아이디어에 감탄이 나왔다. 이 책을 사면 남의 여권을 훔치는 듯 짜릿한 기분(?)이 들 것 같기도 하고.

여권 책 옆에는 손바닥만 한 얇은 파스텔톤 노트들이 꽂혀 있었는데, 놀랍게도 그것들 역시 책이었다. 이보다 더 깜찍한 책이 있을까. 비닐 포장이 안 되어 있는 샘플북을 열어보았다. 페이지마다 짧은 시들이 다소곳하게 앉아 있었다. 소개 글에 따르면 이 책들은 모두 저자가 가내수공업을 해서 만들었다고 한다. 종이를 직접 인쇄하고 자르고 붙여서, 한 권 한 권 장인 정신으로 만든 아주 작은 책이었다. 아무 디자인이 가미되지 않은 무지 표지는 미니멀리즘을 표방한 것일까. 문득, 어릴 적 읽었던 '만화 풍선'이 떠올랐다. 껌 포장지를 뜯으면 껌 모양의 가늘고 긴 아주 조그만 만화책이 들어 있었는데 그 속에는 전래동화 따위가 앙증맞게 숨어 있었다.

신기한 책들에 발길이 묶여 코너 앞을 떠나지 못했다. 정형

화된 형식에서 벗어난 독립출판물들은 겉모습만 아니라 내용마저 통통 튀었다. 익숙하지 않은 작가들의 낯선 문체가 주는 생경한 감각도 좋았다. 마치 20대 때 푹 빠져서 들었던 인디 음악의 느낌이랄까. 덜 유명한 것은 소중하다. 아직 발굴되지 않은 것, 나만 알고 있다는 기분이(그것이 착각일지라도) 특별함을 더한다. 결국 나는 고르고 고른 책 두 권을 집으로 데리고 왔다.

하나는 태재의 《멀리 우리》라는 책이었다. 저자가 여자친구와 갔던 첫 일본 여행 그리고 그 여자친구가 아내가 된 후 함께 간 첫 여행지 포르투갈에서 쓴 러브레터를 묶은 책이었다. 남이 쓴 러브레터를 읽어볼 수 있다니 흥분됐다. 여행지에서 돌아온 후에 소회를 쓴 것이 아니라 여행지에서 날마다 쓴 글이라 현장감이 있었다. 저자는 여행지에서 매일 새벽에 편지를 쓴 것 같은데 마지막 문장은 이런 식이었다. '이제, 우리 조식을 먹으러 갈까요?' 그런 글을 읽고 나면 나는 자연스레 그들이 어떤 아침을 먹었을까, 호텔에서 나오는 조식이었을까 아니면 숙소 밖으로 나가 골목에서 현지식을 즐겼을까 궁금해하며 상상을 펼쳤다. 하루에 한 편씩 남의 편지를 읽어보는 재미가 쏠쏠했다. 여행지에서 러브레터를 받은 그의 아내는 얼마나 행복했을까, 조금 부러워도 하면서.

다른 한 권은 카세트테이프 모양으로 만든 미니 북이었다. 요즘 친구들은 카세트테이프를 알까? 가운데 구멍이 두 개 뚫린 직사각형 플라스틱을 카세트에 넣으면 음악이 흘러나왔다. 너무 자주 들으면 테이프가 늘어져 음색이 닳기도 했다. 아무튼 카세트테이프와 똑 닮은 책을 발견했는데 귀여워서 사지 않을 수가 없었다. 투명플라스틱 케이스에서 테이프(모양의 책)를 꺼내면 책장처럼 양쪽으로 열린다. 《BGM Mix》라는 제목으로 시리즈가 나오는 모양인데 인디 뮤지션 10명이 특정 주제와 관련된 사연과 플레이리스트를 소개하는 책이었다. 내가 구매한 미니 북의 주제는 발음만으로도 싱그러워지는 '청춘과 사랑'. 실제 카세트테이프는 아니지만 테이프 모양 책의 각 장에는 QR코드가 있어서 스마트폰으로 찍으면 음악이 나오는 유튜브 채널로 연결이 됐다. 그러니까 뮤지션 10명이 추천하는 플레이리스트 100곡을 얻게 된 셈이다. 대중교통을 이용할 때마다 QR에 접속해 새로운 음악을 들었다. 책이지만 카세트테이프처럼 작아 언제든 부담 없이 가방이나 주머니 속에 넣어 다닐 수 있는 점도 매력적이다.

심심할 때면 온라인 서점에 들어가 베스트셀러나 스테디셀러 혹은 분야별 신간 목록을 새로고침 해본다. 어떤 날은 아무리 둘러보아도 끌리는 책이 없을 때가 있다. 흥미가 있는 책은 이미 샀거나 유독 까다로워지는 날이 그렇겠지. 그런가 하면, 한눈에 '이거다!' 하는 느낌을 받는 책을 발견할 때도 더러 있는데 보통은 독립 서점 안에서 그런 일이 발생한다.

어린이책에서 찾은
뭉클한 삶의 깨달음

많은 사람이 추천하듯 유발 하라리Yuval Harari의 《사피엔스》는 누구나 꼭 읽어봤으면 하는 책 중 하나다. 나는 그 책 덕분에 머릿속에 조각조각 나 있던 인류사를 기웠고, 어떤 현상을 볼 때 진화론적인 관점으로 분석해보는 렌즈를 얻게 됐다. 예를 들어 인간이 공포를 느끼는 상황을 예전에는 개인 경험의 관점에서 해석했다면 지금은 생존 전략과 연결 지어본다. 학살의 역사를 읽으면서는 인간의 잔혹성에 환멸이 들고 부채 의식마저 생겼지만, 그래서 더욱 내게 주어진 행운에 감사하며 의미 있게 살아야겠다는 다짐도 했다.

워낙 유명한 책이지만 굳이 펼쳐보지 않았다. 제목부터 어려울 것 같은 느낌이 들었고(저자 이름도 왠지 무섭다) 두툼한

두께에 겁부터 먹었다. 참여하던 독서 모임 책으로 선정되어 하릴없이 읽기 시작했는데 50페이지 정도 진전하자, 흥미진진한 인류의 역사에 푹 빠져서 읽었다. 모임 덕을 톡톡히 봤다.

하지만 몇 년이 지나자 내용이 가물가물해졌다. 큰 줄기는 기억했지만 세부 내용이 흐려졌고 연대가 뒤죽박죽 헷갈렸다. 재독을 할까 고민하던 중 우연히 도서관에서 《멈출 수 없는 우리》를 발견했다. 같은 저자가 어린이를 위해 《사피엔스》를 쉽게 풀어 쓴 책이었다. 곳곳에 내용을 보조하는 삽화를 넣었고 마치 옛날이야기를 들려주듯 친근한 구어체로 풀었다. 글밥이 적어 술술 읽히지만 가볍지 않았다. 어린이 책으로도 재독의 효과가 있었다.

독서 경험이 아직 부족하거나 문해력이 낮아 《사피엔스》가 부담스럽게 느껴진다면, 거꾸로 어린이 책부터 시작해도 좋을 듯싶다. 상대적으로 쉬운 책으로 머릿속에 전반적인 밑그림을 그려둔 상태에서 읽기 시작하면 조금 더 잘 읽히니까.

이외에도 어린이, 청소년 책 중에 성인이 읽어도 좋은 책들이 많다. 정지아 작가의 《이토록 아름다운 권정생 이야기》는 페이지를 넘길 때마다 가슴에 온기가 충전됐다. 가난한 정생이 자신이 먹으려고 만든 죽을 방 안에 들어온 생쥐에게 내어주고 이불까지 덮어주는 장면은 마치 동화의 한 장면처럼도 느껴졌다. 아이들보다 도리어 팍팍한 현실에 찌든 어른이 읽으면 더 유익하겠다는 생각도 들었다. 동화보다 더 동화 같은 삶을 살았던 권정생 작가의 삶을 능수능란한 이야기꾼인 소설가 정지아가 풀었으니 부족함이 없다.

어린이 책 중에 그림책도 빼놓을 수 없다. 그림책의 재미와 가치를 잘 몰랐을 때는 블로그나 SNS에서 그림책 관련 글을 발견하면 부모가 아이에게 보여줄 책을 소개한다고만 여겼다. 글도 적고 몇 장 되지 않는 그림책을 어른이 굳이 볼 필요가 있나 하는 은근한 무시도 깔려 있었는데 그림책의 매력을 알게 되고 깜짝 놀랐다. 시가 그렇듯 그림책도 분량과 울림은 비례하지 않았다. 오히려 문장이 적어서 행간을 즐길 수 있었다.

섬진강 시인, 김용택 작가가 쓴 《논다는 건 뭘까?》도 그랬다. 자연에서 뛰어노는 귀여운 아이들 삽화 옆에는 놀이에 대한 정의가 적혀 있다. 요즘은 모이면 눈을 맞추기보다는 아이고 어른이고 고개를 숙여 스마트폰에 집중하는 풍경에 익숙하다. 저마다 혼자 놀기의 달인들이다. 그래서 '논다는 건 좋아하는 것을 여럿이 함께하는 거야'라는 책 속의 문장에 오래 머물렀다. 어린 시절, 엄마가 부르기 전까지 시간 가는 줄 모르고 골목 친구들과 몸을 부딪치며 무궁화꽃이 피었습니다, 말뚝박기, 고무줄 놀이 따위를 하며 놀았다. 그때는 늘 함께였는데. 애석한 마음이 들었다가 문득 독서 모임 멤버들의 얼굴이 떠올랐다. 비록 한 달에 한 번이지만 좋아하는 것(책)을 여럿이 함께하고 있으니 나에게 독서 모임이야말로 놀이 아닌가. 주말 아침 늦잠을 포기하고 독서 모임을 하러 가는 길에 어릴 적 친구들과 고무줄놀이를 할 때처럼 콧노래가 흘러나오는 까닭이다.

책에 따르면 논다는 건 배움이기도 했다. '강에서 놀다 보면 강을 알게 되고 숲에서 놀다 보면 숲을 알게 되고 친구랑 놀다 보면 친구에 대해 알게 돼. 놀다 보면 새로운 것을 알게 되는 거야'라는 문장에서 함께하는 놀이를 통해 혼자서도 살아갈 힘을 쌓을 수 있다는 사실을 새롭게 깨달았다.

또 다른 그림책, 네덜란드 출신 그림책 작가 레오 리오니Leo Lionni의 《프레드릭》에서 주인공은 들쥐 프레드릭이다. 여느 들쥐들이 겨울을 대비해 밤낮없이 부지런히 일하는 동안 프레드릭은 졸린 눈으로 멍을 때리기 일쑤다. 친구들이 왜 일을 안 하냐고 물으면 '춥고 어두운 겨울날을 위해 햇살을 모으는 중'이라거나 '온통 잿빛인 겨울에 대비하려고 색깔을 모아'라고 엉뚱한 대답을 한다. 처음에는 게으름을 합리화하는 프레드릭이 우습기만 했다. 그러다가 나중에 고생하게 될 거라고, '개미와 베짱이'의 결말을 예상했는데 반전이 있었다.

알고 보니 프레드릭은 놀면서 일하는 중이었다. 추운 겨울이 와서 모두가 힘들어졌을 때, 그동안 색색의 자연을 바라보며 얻은 영감으로 멋진 시를 지어서 친구들에게 들려준다. 감동한 들쥐들은 그를 시인이라며 추켜세운다.

책이라는 물건은 참으로 신기하다. 분량이 많다고 지루하지 않고 적다고 깊이가 얕지도 않다. 어린이 책이라고 어른에게 불필요하지 않고, 오히려 어릴 때는 느끼지 못했던 뭉클함을 선사하기도 한다. 베개보다 작은 물건이 단잠에 빠진 것처럼 꿈을 꾸게 한다.

적용하기

온라인 서점에 들어가 어린이/청소년 분야 카테고리에 끌리는 책이 있는지 살펴보자.

뮤지컬과 영화로 즐기고
원작 찾아보기

여태껏 프랑켄슈타인이 관자놀이에 나사못이 박힌 초록 괴물이라고 알고 있었다. 알고 보니 괴물을 탄생시킨 과학자의 이름이 빅터 프랑켄슈타인이었다. 잘못된 지식을 바로잡은 계기는 뮤지컬 관람이었다. 5년 전부터 뮤지컬에 빠져 관심 있는 작품('표가 남아 있으면'이라는 말이 더 정확하다)이 나오면 챙겨 보고 있다. 캐스팅만 보고 아무 정보 없이 갔다가 프랑켄슈타인이 괴물이 아니었다는 사실에 놀라고 흥미진진한 스토리에 한 번 더 놀랐다. 괴물의 안타까운 사연에 몰입한 나머지 눈물이 터져 나오기도 했다. 관람을 마치고 나온 후 당연한 수순인 듯 원작을 찾아보았다.

메리 셸리Mary Shelley의 소설《프랑켄슈타인》을 그렇게 만났다. 만약 뮤지컬을 보지 않았다면 굳이 읽지 않았을 것이다. 현대 소설을 선호하기도 하고 괴물이 등장하는 SF는 별로 구미가 당기지 않았다. 그런데 검색해보니 창작 뮤지컬이라 원작과는 내용이 좀 다르다고 했다. 그렇다면 '도대체 원작은 어떤 내용일까' 하는 궁금증이 증폭했다. 마침 구독하는 전자책 플랫폼에 메리 셸리의 《프랑켄슈타인》이 등록돼 있었다. 유튜브 뮤직에서 찾은 〈프랑켄슈타인〉 뮤지컬 넘버를 틀어놓고 독서를 시작했다. 음악을 들으면서 책을 읽으니 괴물의 외롭고도 고독한 감정이 훨씬 더 크게 와닿았다.

등장인물의 이름은 비슷했지만, 역할과 내용이 조금씩 달랐다. 내가 알던 프랑켄슈타인은 아래처럼 변신을 거듭했다.

공연이나 책을 접하기 전	얼굴에 나사못이 박힌 초록 괴물.
뮤지컬	자신을 대신해 누명을 쓰고 죽은 친구(앙리)를 신체 접합술로 되살려낸 군인 겸 과학자.
책	자신의 창조물(괴물)에게 시달리는 과학자. 그의 가족과 친한 친구 앙리가 괴물에게 죽임을 당했다.

책은 책대로 흥미로웠다. 인간의 욕심에 의해 탄생한 괴물이 흉측한 외모 때문에 인간들에게 거부당하고 흑화하는 과정이 설득력 있었다.

> 저주스러운 창조자! 어째서 당신조차 역겨워 등을 돌릴 만큼
> 흉악한 괴물을 빚었습니까? 신은 연민을 갖고 자기 모습을 따
> 라 아름답고 매혹적인 존재로 인간을 창조했소. 그러나 내 모
> 습은 당신의 추악한 부분을 닮았고 그렇기 때문에 더욱 끔찍하
> 오. 사탄에게는 그를 숭배하고 격려해줄 동료 악마들이 있었
> 지만, 나는 고독할 뿐 아니라 혐오의 대상일 뿐이오.
>
> — 메리 셸리, 《프랑켄슈타인》, 현대지성, 2021

뮤지컬은 배우의 연기와 노래를 감상하며 폭풍처럼 휘몰아치는 감정의 소용돌이를 즐기는 매력이 있었고, 책은 아름다운 스위스 알프스 산맥과 제네바 호숫가의 풍광 묘사, 프랑켄슈타인 박사와 괴물의 갈등과 감정선을 섬세하게 들여다볼 수 있어서 좋았다. 과학기술과 인공지능의 발달로 인류에게 닥쳐올지도 모를 암울한 미래를 1800년대에 예견했다는 사실도 놀라웠다. 그렇게 고전의 세계로 미끄러지듯 빨려 들어갔다. 그 후 다른 고전 소설에도 관심이 생겨 읽기 시작했다. 그러니까 뮤지컬 덕분에 고전이라는 무거운 철문을 밀고 들어갈 수 있었다.

뮤지컬뿐만이 아니다. 영상 매체는 접근성이 좋은 만큼 영향력이 더 강하다. 박찬욱 감독, 박해일과 탕웨이 주연의 영화 《헤어질 결심》을 인상 깊게 본 사람이 많을 것이다. 나 역시 마찬가지였고, 그래서 온라인 서점에서 우연히 각본집을 발견했

을 때 반가웠다. 《프랑켄슈타인》처럼 내용이 다르지는 않겠지만 스크린에서 흘러가 버린 대사를 붙잡아서 읽어보고 싶었다.

드라마 대본집(극본집)은 주로 대사에 치중하지만, 연극이나 영화를 만들기 위해 쓴 각본집에는 배우의 동작이나 무대장치도 쓰여 있어 색다른 느낌을 준다. 각본집은 일반 책보다 여백이 많고 이미 머릿속에 영화의 이미지가 들어가 있어 술술 읽혔다. 독서 초보라도, 누구나 재미있게 즐길 수 있는 책이었다.

문장을 한 줄 한 줄 읽어갈 때마다 탕웨이와 박해일의 목소리가 들렸고, 그들의 표정이 떠올랐다. 마치 영화를 다시 한번 본 기분이었다. 반대로 각본집이나 대본집을 먼저 읽고 영화와 비교해봐도 흥미로울 듯싶다. 나만의 가상 캐스트를 상상해보며.

적용하기

온라인 서점에서 대본집/각본집으로 검색해 읽고 싶은 책이 있는지 살펴보자.

아침 낭송 루틴으로
마침내 시를 만났다

너무 멀지도 가깝지도 않은 적당한 거리를 두고, 그러나 영양실조에 걸리지 않게 주기적으로 섭취해줘야 하는 책이 있다. 내게 시집이 그렇다. 어린 시절에는 글밥이 적은 동시가 가장 만만한 문학이었다. 운율을 맞춰서 뚝딱 시구를 지어내기도 했다. 나이가 들면서 동심과 상상력은 퇴색되었고 시는 어려운 장르라는 인식이 생겼다. 그렇게 시와 멀어지고 영양실조에 걸려 비틀거릴 무렵, 나는 시를 되찾았는데 그 계기는 엉뚱하게도 잠을 깨우기 위해서였다.

아침 잠이 많은 편이다. 매일 아침 침대를 벗어나는 일이 고달팠다. 알람을 다섯 개씩 맞춰놓기도 했고 눈을 뜨자마자 산책에 나서기도 했다. 아쉽게도 며칠 가지 못했다. 반평생의 습관을 고치기란 쉽지 않았다. 그러다 책꽂이 한 칸을 차지한 시집들이 눈에 들어왔다. 여행 다닐 때마다 독립 서점에서 사 모은 시집이 몇 권 되는데, 막상 집으로 데리고 오면 손이 잘 안 갔다. 매일 아침 비타민제를 챙겨 먹듯 한두 편씩 시 읽는 루틴을 만들면 좋겠다 싶었다. 하루의 시작을 감성적인 시로 충전하면 한결 너그러운 사람이 되지 않을까 하는 기대도 되었다. 소리 내어 읽으면 잠도 깰 테고, 여러모로 괜찮은 아이디어 아닌가.

기상 알람이 울리면 이불 속에서 뒤척거리거나 스마트폰을 확인하는 대신 바로 책장에서 시집을 한 권 꺼내 옥상으로 올라갔다(그렇다, 우리 집에는 무려 옥상이 있다). 간단히 스트레칭을 한 후 목청을 가다듬고 시를 낭송했다. 오늘은 어떤 시가 나를 맞아줄까. 랜덤박스 포장을 풀 듯 기분 좋게 두근거렸다. 잠겨 있던 목구멍을 부드럽게 달래듯 깨워 입 밖으로 소리를 내었다.

깊은 일

　　　　안현미

그날 이후 누군가는 남은 전생애로 그 바다를 견디고 있다

그것은 깊은 일

오늘의 마지막 커피를 마시는 밤

아무래도 이번 생은 무책임해야겠다

오래 방치해두다 어느 날 더 이상 존재하지 않는 어떤 마음처럼

오래 끌려다니다 어느 날 더 이상 쓸모없어진 어떤 미움처럼

아무래도 이번 생은 나부터 죽고 봐야겠다

그리고도 남는 시간은 삶을 살아야겠다

아무래도 이번 생은 혼자 밥 먹는, 혼자 우는, 혼자 죽는 사람으로 살다가 죽어야겠다

찬성할 수도 반대할 수도 있지만 침묵해서는 안 되는 그것은 깊은 일

깊은 일이 무엇일까, 심각한 일을 말하는 것이겠지 했다. 바다라는 단어는 나에게 어떤 사고를 떠올리게 했고, 혼자 밥을 먹고 울고 죽는 사람은 살지도 죽지도 못하는 남겨진 이들을

연상시켰다. 깊은 곳에서 일어난 깊은 일에 대해 이야기하는 시였다. 내 근처에서 서성이던 잠기운은 어느새 씻은 듯 사라졌다.

시집 제목은《검은 돌 숨비소리》이다. 제주 여행 중 독립 서점에서 샀던 바로 그 시집이다. 제주 4.3 70주기를 추모하고자 신경림 시인을 비롯한 91명의 시인이 쓴 시를 모은 책이다. 서재에 꽂아두고 한동안 잊고 지냈다. 시집에는 4.3뿐만 아니라 세월호 참사 희생자들을 위한 시도 함께 실려 있었다.

다음 날에도 시집 랜덤 뽑기는 계속됐다. 진은영의 시를, 그 다음에는 강혜빈, 기형도, 최승자를 차례로 읽었다. 예상과 달리 시는 대체로 어두웠다. 아침마다 촉촉한 감수성을 얻는 대신 이름 모를 이의 새까만 고통을 마주했다. 그렇게 시를 낭송하다 보면 불그스름해지던 하늘에 어느덧 달걀노른자처럼 또렷한 윤곽의 해가 떠올랐다. 어김없이 찾아와준 오늘이 새삼 고마웠다. 달콤하거나 낭만적이지 않아도 괜찮았다. 누군가의 아픔을 헤아리며 맞이하는 아침은 특별했다.

매일 아침 눈을 뜨면 이불 속에서 벗어나기 싫어 SNS를 확인하고, 유튜브 쇼츠를 넘겨보던 나였다. 자극적이고 부정적인 정보가 신경을 날카롭게 만들었다. 그런 아침은 마지못해 시작하는 심정이었고 그래서 지긋지긋한 기분이 들기도 했다.

시 낭송으로 시작하는 나의 아침은 생의 의지로 가득하다.

미안한 마음, 부끄러운 마음, 현재를 살라는 준엄한 경고가 책장에 꽂혀 나를 기다리고 있으니. 신형철의 말이 맞았다.

언어는 문학의 매체이기만 한 것이 아니라 삶 자체의 매체다. 언어가 눈에 띄게 거칠어지거나 진부해지면 삶은 눈에 잘 안 띄게 그와 비슷해진다. 그래서는 안 된다고 생각하는 마음들이 계속 시를 쓰고 읽는다. 시가 없으면 안 되는 것이 아니라 해도, 시가 없으면 안 된다고 믿는 바로 그 마음은 없으면 안 된다.
― 신형철, 《슬픔을 공부하는 슬픔》, 한겨레출판, 2018

적용하기

책장에 꽂혀 있는 시집 한 권을 꺼내 아무 페이지나 열어 한 편을 낭송해보자.

도끼 같은 책

내가 나로 바로 살려면

조지 오웰, 《1984》, 더클래식, 2020

표정 한 번 잘못 지으면 감옥행이다. 생각에 잠겨서도 안 되며 지나치게 행복한 표정도 위험하다. 무의식적으로 외치는 잠꼬대도 주의해야 한다. 허튼소리를 했다간 당신의 자녀가 당신을 사상범으로 신고할 수도 있으니까. 애를 낳을 목적이 아니라면 섹스도 금지다. 조지 오웰George Orwell이 《1984》 속에 그린 디스토피아다.

소설 속 오세아니아는 '빅브라더'라는 미지의 인물에 의해 철저하게 감시당하는 전체주의 국가다. 극소수의 핵심 당원, 소수의 당원, 다수의 노동자로 이루어진 이 세계에는 공공장소건 사적인 공간이건 가리지 않고 텔레스크린이라는 기계가 설치돼 있다. 당원들은 그 기계에 의해 일거수일투족을 실시간

감시당한다.

　이 이상한 나라를 좀 더 들여다보자. 텔레스크린은 감시카메라이자 라디오처럼 소리도 나온다. 밤낮으로 텔레스크린을 통해 전파된 가짜 뉴스로 사상교육을 받는 대중은 빅브라더에게 충성을 맹세하고 반동분자로 지목된 골드스타인을 증오한다. 빅브라더를 조금이라도 의심하거나 이에 반하는 말과 행동을 한 사람은 '밤이면 억센 손이 어깨를 흔들어대며 환한 불빛을 눈에 비추고' 쥐도 새도 모르게 증발시킨다.

　조작은 일상이다. 가령 오늘 발간된 신문 내용이 당의 마음에 안 들면 모조리 폐기하고 아무일도 없었다는 듯 수정한 신문을 그 자리에 다시 놓는다. 사람들은 이 모든 게 거짓이라는 사실을 알지만 한편으로는 진실이라고 믿는다. 일명, 이중사고다. 이중사고란, 한 사람이 두 가지 상반된 신념을 동시에 가지고 있고 모두를 받아들일 수 있는 능력으로 오세아니아 사상의 핵심이다.

　독재 권력을 유지하는 가장 효과적인 전략은 언어통제였다. 우리나라 역시 일제강점기 시대에 겪은 바 있지 않은가. 빅브라더를 등에 업은 당은 기존에 사람들이 주고받던 언어를 없애려고 신어라는 것을 개발했다. 신어는 단어의 수를 최대한 줄인다. 예를 들어 '좋은good'이라는 단어가 있으면 반대되는 말 '나쁜bad'은 굳이 필요 없다. '좋지 않은ungood'이면 충분하다는 것이다. 좋은 것보다 더 좋으면 'plusgood'이라 하면 된다. '탁월한' '훌륭한' 따위의 말은 쓸모가 없다. 이 문제는 결코 가볍지 않다. 단어의 개수와 다양성은 사고의 폭을 의미하니 말이다. 즉, 생각할 수 있는 범위가 좁아진다는 뜻이다. 한마디로 인간을 멍청하게 만든다. 물론 표현할 단어가 없어서 사상죄를 범하는 일은 줄겠지만.

감시하고, 언어를 통제하고 이중사고를 주입한 결과는 끔찍했다. 일곱 살짜리 꼬마는 만화 대신 '교수형이 보고 싶어!' 하며 노래를 부르고, 자신의 부모가 잠꼬대로 빅브라더를 비난했다고 사상범으로 신고한다. 게다가 그 아비는 그런 아이가 자랑스럽다.

이 소설의 주인공 윈스턴은 빅브라더 이전 시대를 기억하는 인물이다. 세뇌로부터 자신의 기억을 지키기 위해 목숨을 걸고 일어나는 일들을 몰래 기록한다. 언젠가 자유를 되찾는 날, 후대에게 날조된 역사를 전달하지 않겠다는 사명으로 말이다.

(스포일러 문단)윈스턴은 자신과 비슷한 성향의 줄리아라는 여성과 우연히 만나 사랑에 빠졌지만 결국 파국을 맞이한다. 누구도 감시하지 못한다고 믿었던 그들의 낙원에마저 텔레스크린이 숨겨져 있었던 것이다!

《1984》의 스토리는 20세기 전반기의 전체주의 체제들, 특히 스탈린 시대의 소련에서 영감을 받았다고 알려져 있지만 21세

기인 지금도 여전히 유효하다. 이 책을 옮긴 정영수 번역가는 현대사회에서 우리를 지배하는 절대 권력은 무엇이며, 빅브라더는 누구인지 그리고 끔찍한 고문이 자행된 '애정부 101호실'은 없는지 독자에게 생각해보라고 권한다.

  기실 머지않은 과거에 사회 곳곳에서 불법사찰로 시끄러웠던 경험이 있다. 유튜브를 위시한 온라인에 쏟아지는 뉴스는 무엇이 진짜고 가짜인지 구별하기 힘들다. 온라인상의 개인 정보 침해는 일상적이라 자포자기 상태다. 생성형 인공지능은 나의 컴퓨터와 모바일 기록을 끌어모아 언어와 사고방식을 습득하고 이를 어떤 방식으로 활용할지 알 수 없다. 혼란스러웠다. 내가 지금 사는 이 세상에도 어딘가 빅브라더가 존재하는 건 아닌지.

  과학기술의 발달로 그 목적이 무엇이든지 간에 우리의 사생활을 감시하는 일은 《1984》 속 세계보다 훨씬 더 쉬워졌다. 소설처럼 대놓고 일상적인 조작과 끔찍한 고문이 난무하지는 못하겠지만, 자신만의 철학을 견고하게 세우지 못하면 나도 모르는 사이에 내 정신과 영혼은 《1984》 속 수많은 사람처럼 잠식당할지 모를 일이다. 누구도 세상의 변화를 막을 수 없다. 마치 브레이크 버튼이 고장 난 전차와 같다. 대세에 휩쓸리거나 조급해하지 않고 나만의 속도로 차분하게 관조하는 태도가 필요하다.

나는 쓰는 일을 멈추지 않으려고 한다. 주인공 윈스턴이 기억을 잃지 않기 위해 끝까지 날조된 역사를 기록으로 남겼듯 변화하는 세상 속에서 변하지 않는 것은 무엇인지, 또 변해서는 안 되는 것이 무엇인지를 골똘히 생각하고 글로 남겨야겠다. 그러기 위해서 생각의 재료, 책을 더 가까이 해야겠지.

4.
독서의
몰입도를 높여주는
작은 장치들

독서도
'장비발'이다

내가 '읽는 사람'이라는 점을 기억해주는 사려 깊은 친구가 '산책 가방'이란 신기한 선물을 준 적이 있다. 손상되기 쉬운 종이책을 보호하고 어떤 책인지 모르게 표지를 가려주는(도대체 무슨 책을 읽길래) 북 커버의 일종인데 들고 다니기 편하게 손잡이까지 달려 있었다. 늘 책을 소지하는 독서가들에게 편리한 도구다.

예전에는 '장비발'이라는 말에 콧방귀를 뀌었다. 물욕의 합리화라고 단정했다. 등산을 시작하면 등산복부터, 필라테스를 시작하면 레깅스부터, 러닝을 시작한다면 고가의 러닝화부터 사고 보는 이들을 한심하게 여겼다. 쇼핑하고 싶어서 운동하려는 건 아닐까 의심했다. 실제로 그렇게 장비에 진심이던 사람들이 얼마 못 가 운동을 그만두면 그럼 그렇지 했다. 고수는 장비 탓을 하지 않는다는 말이 괜히 있겠는가.

그런데 막상 겪어보니 장비의 힘을 마냥 무시할 일은 아니었다. 2019년부터 지금까지 내가 필사를 꾸준히 하는 데는 만년필과 질 좋은 노트라는 장비가 든든히 받쳐주고 있었으니 말이다. 좋은 문장을 되새기고 수집하는 필사 행위 자체도 좋지만 손을 움직여 쓰는 물리적인 즐거움도 놓칠 수 없다. 문장을 끼적일 때면 단단한 과일을 예리한 과도로 깎는 것처럼 펜촉으로 종이를 깎는 소리가 났다. 종이에 글씨를 새겨 넣는 조각가가 된 기분도 들었다.

그렇게 매일 필사를 하면서 '독서 장비'를 하나둘 늘려갔다. 책을 펼쳐놓고 문장을 베껴 쓸 때 페이지가 저절로 넘어가지 않도록 집게형 문진으로 고정한다. 다이소에서 장만한 날짜 스탬프를 필사 글귀 아래에 찍어서 기록을 남긴다.

소파에 누워 두툼한 책을 읽을 때면 금방 손목이 뻐근해졌다. 책상 앞에 앉아서 읽자니 목덜미가 뻣뻣해지고 불편했다. 손을 뗄 때마다 자꾸만 앞으로 넘어가는 페이지 때문에 읽고 있던 부분이 어디인지 다시 찾아야 하는 일도 반복됐다. 그런 소소한 피로감이 은근히 짜증을 불러일으켰고 '됐다, 오늘은 여기까지'라는 핑곗거리로 발전했다.

독서대라는 물건이 있는 것을 알았지만 굳이 사용하지 않았다. 왠지 어두컴컴한 도서실에 틀어박혀 공부하던 수험생 시절이 떠올랐기 때문이다. 목 건강을 생각해 속는 셈 치고 독서대를 장만했는데 효과는 기대 이상이었다. 그동안 독서를 하며 느꼈던 모든 불편이 사라졌다. 각도 조절이 되니 고개를 숙이지 않아도 되었고 피로감이 덜하니 독서 시간도 늘었다. 자동차 와이퍼처럼 생긴 책장잡이가 책 양쪽을 단단하게 고정해주니 양손이 자유로워 밑줄을 긋거나 메모하기도 편리했다. 요즘은 필기하기 쉽게 2단 독서대도 나와 있던데 탐이 난다. 서평 쓸 때 유용하지 싶다.

눈이 침침하다면 '큰 글자 도서'를 독서 장비로 고려해볼 만하다. 글자가 크면 아무래도 읽어나가기가 수월하니까. 내용을 이해하는 데 쓰여야 할 집중력이 글자를 해독하는 일에 소모되지 않게 막아준다. 큰 글자 도서는 시력이 좋지 않은 분들을 위해 글자 크기를 130%로 확대해서 만든 책이다. 이전에는 큰 글자 도서가 나와는 관계없는 물건이라 여겼다. 도서관에서 얼핏 지나가면서 봤을 따름이었다.

나의 책 《따라 쓰기만 해도 글이 좋아진다》의 큰 글자 도서가 출간된 후 생각이 바뀌었다. 출판사에서 보내준 샘플 책을 받고 우선 그 압도적인 크기에 놀랐다. 책의 표지며 차례와 본문까지, 꼴은 원래 책과 똑같은데 마치 뻥튀기 기계 속을 들어갔다 나온 것처럼 부피가 커졌다. 펼쳐보고는 더 놀랐는데 말

그대로 글자 크기가 커서 눈이 시원했다. 이런 책이라면 내용이 어려운 책도 좀 더 쉽게 읽힐 것 같다. 같은 책이지만 전혀 다른 독서 체험이었다.

부모님께 큰 글자 책을 선물로 드렸다. 책을 일곱 권이나 냈지만 아빠는 딸이 낸 책을 제대로 읽은 적이 없었다. 원래 독서에 취미가 없으셨고 뇌졸중을 앓으신 후 활자를 조금만 읽어도 눈이 어지럽고 머리가 아프다고 하셨다. 엄마 말에 따르면, 그런 아빠가 요즘 큰 글자로 나온 내 책을 읽고 계신단다. 큰 글자 책은 책일뿐더러 좋은 독서 장비도 될 수 있겠다는 확신이 들었다.

독서에 서투를수록 책을 읽는 데 방해가 되는 요소들을 줄이고 독서에 오롯이 집중할 수 있는 환경이 중요하다. 고수는 장비 탓을 하지 않는다는 말은 맞다. 그러나 초보는 장비를 활용해야 한다. 장비 탓을 하며 책과 멀어지는 대신 '장비발'이라도 세워 책에 재미를 붙이는 게 나으니까. 독서 장비에 투자한 비용보다 독서를 통해 얻는 유익이 훨씬 크다.

아기자기한 독서 도구들은 읽는 즐거움을 부풀린다. 내가 아는 부지런한 한 독서가는 새 책에 둘러 있는 띠지를 버리지 않고 반으로 접은 후 코팅을 해 책갈피로 쓴다고 했다. 버리기 아깝고 끼워두자니 걸리적거리는 띠지를 이보다 더 제대로 활용할 재간이 있을까.

적용하기

지금 내게 필요한 독서 장비는 어떤 것들이 있을까?

나에게 맞는
독서 스타일 찾기

  나는 대개 오후에 컨디션이 좋다. 잠을 푹 잤더라도 오전 대에는 보통 몽롱하고 커피를 마시고도 한 시간 정도는 지나서야 머리가 맑아지는 편이다. 센 불에 파르르 끓는 라면이 아니라 약한 불에 천천히 퍼지는 죽 같다고 할까. 예전에 회사에 다녔을 때는 오전 중 중요한 일을 처리해야 하거나 회의가 있을 때마다 고역이었다. 지금은 프리랜서로 내게 맞는 리듬에 맞춰 생활하니 몸도 편하고 능률도 오른다.
  마찬가지로 사람마다 독서에 집중이 잘 되는 조건이 다르다. 남들이 새벽에 일어나 책을 읽는다고 나까지 그럴 필요는 없다. 각자 주어진 체력과 집중력에 맞춰 자신의 독서 스타일을 찾으면 책 읽기가 한결 가뿐하고 즐겁지 않을까. 그러려면 다양한 방식으로 독서를 시도해보고 자신의 내면을 관찰하는 시간이 필요하다. 기억력이 좋지 않다면 독서 일지를 만들어 책 제목, 시간, 장소 등 독서 환경과 기분을 기록해두면 도움이 될 것이다.

나만의 독서 스타일 찾기

- 책을 읽을 때 가장 편안한 시간대는?
- 종이책, 전자책, 오디오북 중 선호하는 것은?
- 주로 어디에서 독서를 하는가?
- 독서의 주된 목적은? (학습, 재미, 휴식 등)
- 완독을 중시하는가?
- 음악이 필요한가?
- 독후활동 방식은? (서평, 토론, 필사 등)

독서 황금 시간대 찾기

독서는 고차원적인 두뇌 활동이므로 컨디션이 좋고 집중력이 높은 시간에 하는 게 좋다. 나는 주로 해가 지면 책을 읽는다. 아침 독서로 의욕적인 하루를 열고 싶었지만 현실은 하품을 줄기차게 하다가 다시 침대 속으로 들어가는 일이 부지기수였다.

시간대를 오후로 바꾸니 한결 나았다.

반대로 해가 뜨기도 전에 눈이 떠지는 '종달새 유형'이라면 출근 전 30분 정도 독서에 투자하면 어떨까. 30분씩 주 5일이면 한 달에 10시간 책을 읽는 셈이다. 한 권 이상 거뜬하다. 직장인이라면 출퇴근 시간을 활용하는 것이 현실적인데 '올빼미 유형'이라면 꾸벅꾸벅 졸음이 쏟아지는 출근길보다는 퇴근길에 책을 꺼내는 게 낫다. 물론 출퇴근길 모두 책을 읽으면 가장 좋겠지만 말이다. 아침에 독서를 하면 하루를 뿌듯하게 시작하고 독서의 여운을 온종일 느낄 수 있다. 저녁에 책을 읽으면 하루를 정리하고 완성하는 기분이 들어 만족스럽다.

매체에 따라 달라지는 독서 경험

종이책을 선호하는 사람은 보통 종이책에서 나는 냄새를 좋아한다. 새 책에서 풍기는 잉크나 접착제 냄새, 오래된 책에서 나는 쿰쿰한 버섯 냄새가 감각적인 쾌락을 준다. 책을 상징하는 표지 일러스트, 페이지를 넘길 때 나는 사락사락 귀를 간지럽히는 소리, 종이 고유의 질감도 독서 경험의 일부다. 밑줄을 긋고 메모하며 읽기에는 종이책이 가장 편하다.

가방이 무거운 것을 끔찍하게 싫어하거나 이동이 잦은 사람에게는 휴대하기 좋은 전자책에 더 손이 간다. 스마트폰을 열어 바로 접속할 수 있고, 가방에 쏙 들어가는 전자책 리더기들도 많이 나와 있으니 취향대로 고르는 맛이 있다. 하이라이트나 메모 기능이 있어 종이책이 아니더라도 능동적인 독서가 가능하다.《뇌가 젊어지는 독서 습관 귀독서》의 저자 우병현 작가는 전자책 듣기 기능(TTS)을 적극적으로 활용하라고 추천한다. 눈으로 읽으면서 귀로도 들으니 감각이 더욱 활성화되어 집중하기 좋기 때문이다.

진득하게 앉아 있을 시간이 부족하다면 일상에 오디오북 독서를 곁들이는 것도 추천한다. 밀도 높은 독서는 아니겠지만 책과 함께라는 위안을 얻을 수 있다(대개 독서가들은 며칠만 책을 놓아도 불안해진다). 성우의 실감 나는 낭독과 연기는 오디오북에서만 느낄 수 있는 묘미다.

따로 또 같이 즐기기

독서는 혼자서 하는 행위다. 복잡한 현실을 잠시 잊고 고요하게 사색하는 시간이 독서의 참된 기쁨이지만, 때로는 혼자서 읽고 끝내기 아쉬울 때도 있다.

책을 감명 깊게 읽었다면 다른 사람들은 어땠는지 궁금하고 그 반대였더라도 이야기를 나눠보고 싶을 것이다. 혹시 내가 놓친 부분이 있지 않을까 하는 염려도 있다. 누군가와 같은 책을 읽고 있다는 사실만으로 의욕이 솟기도 한다. 특히 독서 습관이 아직 자리 잡히지 않았다면 책 한 권 완독이 쉬운 일이 아니다. 마감 기간이 정해져 있는 책 모임에 들어가서 같이 읽으면 끝까지 포기하지 않고 읽는 동력이 된다.

몰입이 잘 되는 공간은 어디일까

책이 잘 안 읽힌다면 공간을 바꿔보자. 언제든지 누울 수 있는 편안한 내 집이 최고인 사람이 있는가 하면, 백색소음이 들리는 카페나 낯선 공간에서 몰입이 잘 되는 사람도 있다.

나는 약간의 소음이 있으면 집중이 더 잘 되는 편이라 카페에서 책 읽는 것을 좋아한다. 실내에 은은하게 감도는 커피 내음은 그 어떤 꽃보다 향기롭다. 하지만 목소리가 큰 사람이 들어올 가능성과 커피값도 무시하지 못하기 때문에 나는 집에서 카페 분위기를 낸다. 조그마한 에스프레소 기계를 들였고 신선한 원두를 주기적으로 주문한다. 매일 카페에 가서 쓰는 커피값에 비하면 장기적으로 봤을 때 경제적이다. 집안에서도 책장이 있는 내 방 혹은 거실 테이블, 소파 위, 침대 중 어디가 가장 읽기 좋은지 테스트도 해본다. 몰입이 잘 되는 곳을 주 독서 공간으로 삼고 질릴 때쯤 또 다른 공간에 가서 기분 전환하면 새로운 에너지를 얻을 수 있다.

날씨가 좋은 날에는 공원이나 야외 수영장처럼 탁 트인 곳에서도 독서를 시도해보자. 상쾌한 자연 속에서 책을 읽으면 기분이 절로 좋아지는데 '독서를 하면 기분이 좋다'는 일종의 조건화를 만들 수 있다. 그러면 더 자주 책을 읽게 된다.

병렬식 독서 현명하게 활용하기

예전에는 무조건 한 권을 다 읽고 다음 책을 읽어야 하는 줄 알았다. 시간이 흐르면서 읽고 싶은 책이 자꾸 쌓이다 보니 그게 잘 안 되었다. 지금 읽고 있는 책을 아예 놓지는 않되 여러 권을 동시에 읽는 병렬식 독서로 방법을 바꾸었다.

한 가지 규칙이라면, 소설은 되도록 여러 권을 동시에 읽지 않는다. 내용이 섞여서 혼동이 오기 때문이다. 비문학 책은 관련이 있는 것끼리 함께 읽으면 더 도움이 되었다. 예를 들어 문해력과 관련된 책은 뇌과학 책과 같이 읽는다. 그러면 문해력이 키워지는 과정을 뇌과학적 근거로 해석할 수 있다. 두 책이 서로 상승효과를 내서 이해하기가 좋다.

하지만 병렬식으로 읽다 보면 단점도 있는데 완독이 잘 안 되는 것이다. 특히 소설 같은 경우 읽는 기간이 너무 늘어지면 내용을 잊어버리거나 흥미를 잃고 다시 읽기가 귀찮아서 방치하다가 결국 끝마치지 못한다.

위에서 언급한 방식들을 꼭 한 가지 방향으로 고집할 필요는 없다. 어떤 쪽이 자신과 더 잘 맞는지를 알고 적절하게 섞어서 활용하면 독서력에 기운이 붙는다. 무엇이 됐건 나를 잘 알면 일이 수월해진다.

나만의 한 뼘 서재
꾸미는 법

20년 가까이 글을 쓰며 살았지만 제대로 된 책상과 책장을 갖춘 나만의 서재를 꾸린 지는 그리 오래되지 않았다. 방송작가 일을 할 때는 솔직히 책을 많이 읽지 않았다. 시간이 나면 주로 잠을 잤고 가끔 좋아하는 작가가 소설을 출간하면 사 보는 정도여서 책꽂이 하나로도 충분했다. 원고 집필은 회사나 카페에 가서 했기에 좁은 내 방에 굳이 책상을 들여놓을 필요가 없었다. 작가의 방이라기보다는 '수면 캡슐'에 더 가까웠달까.

결혼 후 신혼집에 들어갔을 때도 책장을 사지 않았다. 책을 들고 온다 한들 다시 읽지 않을 것이 뻔해 아끼는 몇몇 책들을 빼고는 친정집에 그대로 두고 나왔다. 딸이 출가하고 덩그러니 남겨진 빈방에 살림 흔적까지 모두 없애버리면 부모님께서 적

적하지 않을까 하는 오지랖도 있었다(걱정도 팔자. 나보다 일찍 출가한 남동생의 방에는 진작에 김치냉장고가 들어섰다).

책장이 따로 없으니 책을 살 때마다 계절 옷을 보관하는 작은 서랍장 위에 차곡차곡 올렸다. 처음에는 열차 칸을 연결하듯 줄지어 세워놨는데, 공간이 부족해지자 책 위에 책을 쌓기 시작했다. 책 위에 책, 그 위에 다시 책이 쌓여 쓰러지기 일보 직전의 젠가처럼 보기에도 불안했다. 창문을 닫다가 공들여 쌓은 책성이 와르르 무너지는 사태가 벌어지기도 했다. 서랍장 위는 더 이상 무리겠다 싶어 다음으로 선택한 곳은 방 귀퉁이 바닥이었다. 벽을 따라 책 열차가 새로이 연결되기 시작했다. 주인을 잘못 만난 책들이 고생이 참 많았다.

몇 년 후 은행의 힘을 빌려 진짜 우리 집이 생겼고 드디어 책장을 마련하기로 결심했다. 방이 넓어졌고, 나이를 먹었기 때문이다. 작은 노트북 화면보다 커다란 데스크톱 모니터가 훨씬 눈이 편한 까닭에 카페보다 집에서 글을 쓰게 됐다. 나만의 서재를 꾸밀 생각에, 이층 침대를 처음 갖게 된 소년처럼 가슴이 두근거렸다.

몇 날 며칠 인터넷 바다에서 허우적거리며 책장을 신중하게 골랐다. 소재는 철이나 플라스틱이 아닌 나무였으면 했다. 종이책의 부모인 나무가 책을 포근하게 감싸는 모습이 가장 이상적일 테니까. 어느 정도 높아야겠지만 맨 위 칸에도 손이 어렵지 않게 닿아야 한다. 결국 따뜻한 느낌의 아카시아 원목 5단 책장 두 벌이 내 방으로 들어왔다. 방바닥에서 나뒹굴던 책이 드디어 편안한 보금자리를 찾았다. 텅 빈 책꽂이는 창백한 뇌처럼 보였다. 어떤 기준으로 채워 넣을지 설레면서도 고민스러웠다.

김영하 작가는 서가가 생물처럼 변한다고 했다. '새 책이 자꾸 비집고 들어오니 책 배치를 주기적으로 조금씩, 때로는 대폭 바꿀 수밖에 없다'는 것이다. 이점을 염두에 두고 완벽하게 배치하고 싶은 조바심을 조금 내려놓았다.

책이 자꾸 읽고 싶어지는 서재, 어떻게 꾸밀까?

1. 분야별 정리
- **장점** : 특정 분야의 책을 찾기 쉽다. 내 관심사가 주로 어디에 쏠려 있는지 시각적으로 드러나 독서 편식을 막을 수 있다.
- **단점** : 한 작가의 책이 여러 곳으로 분산될 가능성이 있다. 분야를 나누기 힘든 책도 존재함.

2. 작가별 정리
- **장점** : 좋아하는 작가의 책이 늘어나는 모습에 흐뭇하다. 한

작가의 작품 세계를 꾸준히 탐구하며 작가의 변천사를 추적할 수 있다.
- **단점** : 서로 다른 주제의 책이 섞여 있어 특정 분야의 책을 찾기가 상대적으로 어렵다.

3. 색깔, 크기별 정리
- **장점** : 책등의 색깔이나 책의 크기대로 분류해 아름답고 정돈된 느낌을 준다(북 테리어).
- **단점** : 지금 당장 필요한 책을 찾기 힘들다.

4. 구입 시기별 정리
- **장점** : 책을 산 순서대로 배열하면 나의 독서 역사와 관심사의 변화가 한눈에 파악된다.
- **단점** : 특정 책을 찾아내기 어렵고 오래된 책은 뒤로 밀려나게 된다.

실용성을 중시하는 나는 색깔, 크기별 정리는 우선 제외했다. 구입 시기별 정리는 나라는 사람의 내적인 변화와 성장 과정을 책을 통해 확인할 수 있다는 점이 매력적이었지만, 책을 각각 언제 샀는지 기억이 나지 않기 때문에 현실적으로 불가능했다.

결국 분야별, 작가별을 혼합하는 방식을 택했다. 문학은 소설과 시로 칸을 나누고, 인문, 사회/과학, 철학, 예술 분야도 나누었다. 그 후에 한 작가의 책이 많은 경우 한데로 모았다. 누군가에게 선물 받은 책은 나의 취향이 묻지 않았으므로 따로 칸을 만들었다. 마지막으로 가장 높은 곳에 한 칸은 '인생 책' 코너로 만들어 내 삶에 큰 영향을 미친 책들로 채워 넣었다. 이렇게 구성했더니 내가 특정 책을 원할 때 찾기 쉬웠고 내게 부족한 지식 분야가 무엇인지도 직관적으로 보였다.

번외로 책꽂이 한 칸은 내가 집필한 책으로 특별하게 꾸며봤다. 운 좋게 증쇄한 책들은 나온 순서대로 배치하고 책의 굿즈로 나온 포스트잇이나 책갈피도 보기 좋게 전시했다. 《어른의 문해력》이 예스24에서 '올해의 책'으로 선정되어 받았던 상패도 자랑스럽게 진열해두었다. 너무 자화자찬인가 싶었지만 어쩔 도리 없이 작가는 독자의 관심을 먹고 사는 사람 아닌가. '내 글 구려병'에 걸려 끙끙 앓을 때마다 나의 책들과 훈장이 '너는 읽히는 글을 쓰고 있어'라며 독려하는 기분이 든다.

소중한 사람의 사진을 액자에 끼워 세워두거나 스탠드 달력, 작은 화분, 향초 등 바라만 보아도 기분이 좋아지는 것들로 서재 한 칸을 꾸며보며 어떨까. 자꾸만 시선이 가고 그만큼 책으로 손이 뻗을 테니까.

매일 읽는 습관은
어떻게 만들어지는가

한때 10대들에게 유행했던 마라탕에는 단짝 디저트 탕후루가 세트 메뉴처럼 붙었다. 얼얼함은 달달함으로 달래는 법을 아이들도 아는 것이다. 자연스레 '마라탕후루'라는 신조어가 생겼고 언론에서는 아이들의 충치와 소아당뇨 문제를 앞다투어 보도했다.

    나는 달고 끈적이는 음식을 좋아하지 않는 데다 유행에 바로 편승하지 않고 잠잠해지면 비로소 발을 담가보는 편이라 우후죽순 들어서는 탕후루 가게를 보고도 선뜻 마음이 동하지 않았다. 과일에 매끄럽게 설탕 코팅을 입혀 빨강, 연두, 주황, 보라색 구슬처럼 보이는 탕후루의 영롱한 자태를 예술품 관람하듯 멀찍이 지켜볼 따름이었다.

그러던 어느 날, 초등학생 딸을 키우는 지인의 집에 놀러 갔다가 나도 맛을 볼 기회가 생겼다. 반짝반짝 빛나는 샤인머스캣 한 알을 입에 넣고 조심스레 깨물었다. 3초 후, 다시는 탕후루를 먹지 않겠다고 결심했다. 맛이 없어서가 아니었다. 그 반대였다. 예상과 달리 전혀 찐득거리지 않고 바삭한 식감이었는데 달콤한 과즙과 어우러진 그 맛은 반하지 않고는 못 배길 만했다.

그 뒤로 두 번 다시 탕후루 근처에는 얼씬도 하지 않았다. '이거 중독되겠구나' 하는 강력한 신호를 느꼈기 때문이다. 요가원 가는 길에 마주치는 탕후루 가게 앞에서 걸음을 멈추고 '딱, 한 번만 더?' 하는 욕망이 꿈틀거렸지만 흐린 눈을 하고 지나쳤다. 그렇게 몇 번의 고비를 넘기자 다행스럽게도 욕망은 사그라들었고 얼마 후부터는 탕후루 가게 앞을 무덤덤하게 지나치게 되었다.

공자는 마흔 살에 이르러 더 이상 미혹되지 않는다고 했는데, 나는 그 정도는 못 되어도 어떤 유혹에 취약한지 대충은 알게 되었다. 그래서 나에게 해를 끼칠 것 같으면 애초에 시작조차 안 하려고 한다. 뿌리가 내리기 전에 뽑아버리는 것이다. 같은 이유로 나는 드라마를 잘 보지 않는다. 특히 아직 종영되지 않은 드라마는 절대 보지 않는다. 보기 시작하면 끊지 못하는 성정을 알기 때문이다. 박새로이가 나오는 《이태원 클라쓰》를 얼마 전에야 정주행했는데, 너무 재미있어서 어쩔 줄 몰라 하면서도 너무 심한 뒷북이라 공감을 나눌 대상이 없었다.

드라마나 TV를 잘 보지 않으려고 애쓰는 이유는 그것이 나빠서가 아니라 책 읽을 시간을 확보하기 위해서다. 영상은 탐욕스럽게 시간을 잡아먹는다. 예전에 드라마를 정주행하다가 정신을 차려보니 3일이란 시간이 흔적 없이 사라진 적도 있었다. 시간이 빠르게 흐른다는 것은 그만큼 몰입하고 재미를 느꼈다는 것인데 이상하게 그러고 나면 기분이 떨떠름했다. 그만큼 책을 읽었으면 어땠을까 하는 아쉬움 때문이었다. 만약 독서가 재미는 없고 유익하기만 한 행위라면 드라마를 택했을지도 모른다. 똑같이 주어진 24시간이라면 재미와 의미가 모두 있는 일에 시간을 보내고 싶었다. 물론 영상 매체에서도 의미를 찾을 수 있겠지만 밀도가 다르다고 생각한다.

반면 가치가 있다고 여기는 일은 매일 루틴으로 만든다. 가끔 하는 것보다 매일 하는 게 쉽기 때문이다. '시간 날 때 책을 읽어야지' 하면 평생 못 읽는다. '일주일에 세 번은 책을 읽어야지' 하면 그 세 번이 벌칙처럼 느껴진다. 하지만 '아무리 바빠도 매일 책을 읽어야지' 하면 하루에 한 페이지라도 읽게 되는데 그것을 석 달 정도 유지하면 몸에 익는다. 독서를 습관으로 만드는 방법으로 나는 '매일 필사'를 추천하고 있다. '마라-탕후루' 세트처럼, '독서-필사' 세트로 정해버리면 필사해야

해서 절로 책을 읽게 되니까.

매일 하는 일은 의식할 필요가 없다. 이유를 따지고 핑계를 찾는 게 아니라 그냥 하는 거다. 매일 하는 일은 관성의 법칙이 작용해 큰 힘이 들지 않는다. 하지만 멈췄다가 다시 하려고 하면 누가 뒤에서 목덜미를 끌어당기는 것처럼 앞으로 나아가기가 힘들다. 한 번 누우면 일어나기 싫은 이치와 같다.

종일 외출을 하거나 몸이 너무 피곤한 날에 독서나 필사를 빠뜨릴 때가 있다. 그럴 땐 실망하지 않고 바로 다음 날 이어서 다시 책을 읽는다. 하지만 연거푸 이틀 이상 빼먹지는 않으려고 한다. 이틀 하지 않으면 사흘까지 용서하기 쉽고 그러다 보면 영영 손을 놓게 된다. 비단 독서만이 아니라 꾸준히 무언가를 하고 싶다면 기억해야 할 법칙이다.

독서 습관을 만드는 3가지 법칙
- 독서 시간을 빼앗는 일은 애초에 시작하지 않는다.
- 가끔 하기보다 매일 하는 게 쉽다.
- 이틀 이상은 빠뜨리지 않는다.

#오독완, 인증으로 완성하는 독서 고리

나는 인스타그램 계정을 세 개나 운영한다. 시간 낭비하기 쉬운 SNS를 열심히 하는 까닭은 도리어 좋은 습관을 유지하는 데 필요하기 때문이다. 하나는 필사 계정으로 2019년부터 매일 책을 읽고 필사를 한 후 사진을 찍어 올리고 있다. 다른 하나는 운동 인증 계정이다. 주로 오늘 한 운동이나 식단을 사진으로 찍어서 올린다. 나머지는 글쓰기 강의나 독서 모임 소식, 후기 등을 기록하는 공간으로 쓰고 있다.

필사 루틴은 이렇다. 오늘 읽었던 책 내용 중 마음에 와닿는 부분(읽을 때 바로 표시해둔다)을 한 단락 정도 만년필로 베껴 쓰고 해당 지면을 스마트폰으로 사진을 찍는다. #필사스타그램에 사진을 올린다. 전 과정은 10분이면 충분하다.

6년 전, 일상에 필사라는 취미를 보태면서 독서량이 많이 늘었다. 그전에도 책을 좋아하는 했지만 이런저런 핑계로 독서는 자주 뒷전이 되었다. 나는 '매일 독서를 해야지' 하고 결심하지 않았다. '매일 SNS에 필사 인증해야지'라고 결심했는데 인증을 하려면 필사를 해야 했고 필사를 하려면 하루에 한 페이지라도 책을 읽어야 했다. 읽지 않으면 필사 구절을 찾을 수도 없고 SNS에 올릴 사진도 없으니 말이다. 어느새 필사스타그램에 1,700개가 넘는 글귀가 모였다. 그 글귀를 모두 기억하지는 못해도 책 읽는 습관만큼은 제대로 정착했다.

마찬가지로 #운동스타그램 인증도 꾸준히 운동하는 동기가 되고 있다. 작년부터는 하체 근력을 키우기 위해 매일 스쾃을 하고 있다. 하루 50회로 시작해 매달 10회씩 횟수를 늘리다가 현재는 매일 100회 이상 하고 있다. SNS에 올릴 사진은 스쾃을 마무리한 후 화분이나 거실 창문 등 내 앞에 보이는 풍경을 날짜와 시간 기록이 남는 카메라 앱으로 찍는다. 꾸준히 스쾃을 한 덕분일까, 인바디 검사를 하면 항상 하체 근육량이 부족하다고 나왔는데 최근 표준 범위로 올라왔다.

다양한 SNS 플랫폼이 있지만 인스타그램을 선택한 이유는 사진을 올리는 플랫폼이기 때문이다. 필사나 운동을 한 기록을 남기는 데 구구절절한 설명은 굳이 필요 없다. 물론 소감을 글로 작성해서 올리면 셀프 피드백이 되어서 더 좋겠지만, 매일 해야 하는 만큼 부담감을 줄이는 게 우선이었다. 최소한의 힘을 들이는 인증 방식이 바로 사진 찍기였다.

빅데이터 전문가 송길영 작가는 한 독서 다큐멘터리에서 'SNS에 독서 행위를 인증하는 것은 젊은 세대가 자신을 표현하는 방식 중 하나며 디지털 환경은 독서를 계속할 수 있는 환경을 만들어준다'고 말한 바 있는데, 마치 나의 독서 습관을 지켜본 것처럼 느껴졌다. 실제로 독서 습관을 SNS에 공개하면 꾸준히 지속하게 되는 데는 몇 가지 근거가 있다.

심리학에 '공개 선언 효과'라는 용어가 있다. 사람들은 자신의 목표를 공개적으로 선언할 때 그렇지 않을 때보다 더 큰 책임감을 느낀다는 것이다. SNS는 개방된 공간이라 누구나 볼 수 있다. 나는 매일 필사 인증을 함으로써 매일 책을 읽는 사람이라는 사실을 선언한 셈이다. 그렇다고 내가 매일 독서를 하나 안 하나 눈을 크게 뜨고 감시하는 사람은 없을 것이다(설마!). 그렇지만 기록을 남기는 스스로는 안다. 독서 인증 습관이 없었을 때는 책을 읽지 않아도 아무렇지 않았는데 이제는 약간의 꺼림함이 생기는 것이다.

한편, SNS에서 받는 '좋아요'나 댓글로 받는 긍정적인 피드백은 뇌의 도파민 분비를 촉진한다. 이는 보상 체계를 활성화해 행동을 지속하게 만드는 원동력이 된다. 도파민 중독이라는 말이 한동안 나쁜 방향으로 사용되었는데, 역으로 좋은 습관을 만드는 데에 보탬이 될 수 있다.

《뉴욕타임스》기자이자《습관의 힘》을 쓴 찰스 두히그Charles Duhigg는 습관이 '신호-반복 행동-보상'을 통해 형성된다고 설명했다.

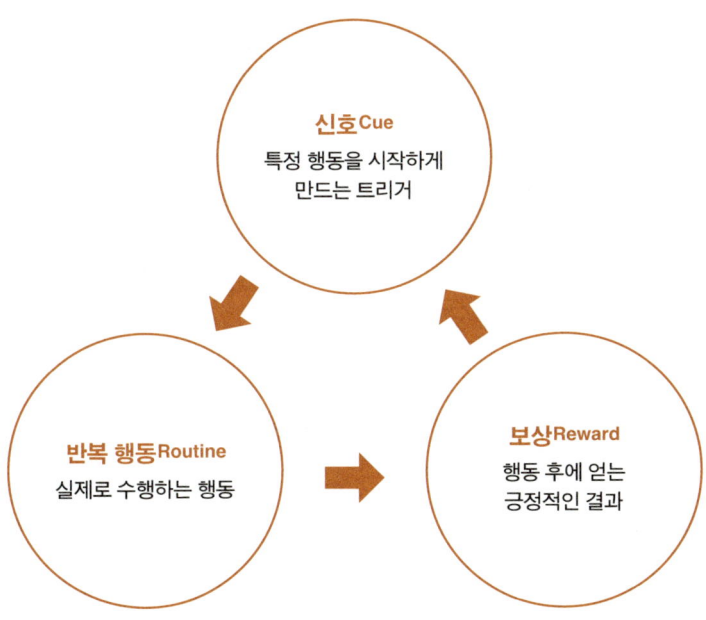

찰스 두히그의 습관 고리에 따른 나의 독서 습관 고리는 이렇다.

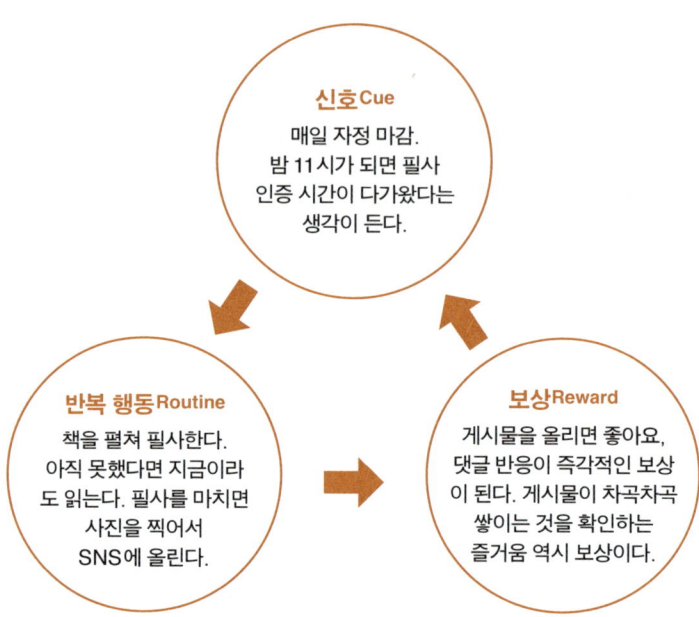

　나처럼 필사스타그램이나 독서스타그램을 하며 인증하는 사람들을 팔로우하는 것도 이 습관을 강화시킨다. 다른 사람들의 성공적인 인증을 보면 타인의 행동을 모방하는 '미러 뉴런'이 활성화되기 때문이다. 의지와 결심만으로 독서 습관을 만드는 데 자주 실패했다면 이처럼 습관시스템 안으로 기꺼이 들어가보자. 독서에 익숙해지면 어느새 인증 규칙이 없어도 책이 좋아서, 재미있어서 다른 일 제치고 찾게 되는 날이 올 터이니.

어느 다독가의 하루

루이보스 티백을 넣은 찻잔에 천천히 따뜻한 물을 부었다. 수색이 붉어지면서 달착지근 향이 코끝을 자극했다. 창밖으로 곧 해가 떠오를 것이다. 지혜는 어제 읽다 만 노자의 《도덕경》을 펼쳤다. 사락사락 페이지 넘기는 소리만이 이따금 적막을 깨뜨렸다. 어떤 문장은 소리 내어 읽어도 본다. 아침마다 고전을 만난 지 어느덧 7개월 차가 됐다. 독서 스케줄러에 오늘 읽은 분량과 단상을 적바림했다. 형광펜으로 밑줄을 친 부분은 자기 전에 필사할 것이다.

가방 속에 어제 읽던 《달과 6펜스》와 오은 시인의 시집 한 권을 더 챙겨서 나왔다. 소설이 얼마 남지 않아 다음 읽을 책을 준비한 것이다. 운 좋게 출근길 지하철에서 빈 자리를 발견했다. 잽싸게 앉아 책을 꺼냈다. 스마트폰은 40분 뒤 알람을 설정해두고 가방 속으로 집어넣었다. 이렇게 알람을 맞춰두면 내려야 할 곳을 지나칠 염려가 없고 어디까지 왔는지 자꾸 고개를 들어 확인하지 않아도 된다. 북마크 해두었던 페이지를 열었다. 흐름을 기억해내기 위해 한 페이지 전으로 거슬러 가서 읽기 시작했다. 한창 흥미진진하게 읽고 있는데 이어폰으로 알람 소리가 울렸다. 벌써 내려야 할 역이라니. 회사 앞까지 가려면 15분 더 걸어야 한다. 오디오북으로 이어서 들어야겠다.

"뭘 듣고 있길래 그렇게 히죽거려?"

김 대리가 눈웃음을 치며 어깨를 툭 쳤다. 지혜는 깜짝 놀란 가슴을 진정하며 귀에서 이어폰을 빼 케이스에 넣었다. 한창 재밌는 부분이었는데 아쉽다. 지혜가 독서광이라는 사실은 그의 동료라면 모를 리 없지만 걸어 다닐 때까지 오디오북을 늘 듣는다는 사실은 모를 것이다. 일부러 숨기는 것은 아니지만 유난스러워 보일까 봐 굳이 말하지 않았다.

회의를 연달아 두 번 했더니 오전 업무가 순식간에 지나갔다. 오늘 점심은 만장일치 순두부 백반으로 정해졌다. 지혜는 오랜만에 콩비지 찌개를 먹을 셈이다. 수다를 떨다 보니 어느새 호전적으로 끓는 뚝배기 네 그릇이 테이블 위에 놓였다.

"지혜 씨, 이번 주말에 코엑스에서 도서전 하던데 가세요?"

"토요일에요. 연우 씨도 가세요?"

"역시. 나도 올해는 한 번 가보려고요. 그날 차나 한 잔 할까요?"

"너무 좋죠."

흰쌀밥에 콩비지를 한술 떠 쓱쓱 비비며 지혜가 대답했다. 간만에 마음 맞는 직장 동료와 최근 읽고 있는 책 이야기를 나누었더니 밥이 달다. 후식으로 아이스 아메리카노를 테이크아웃 한 후 다 같이 공원을 한 바퀴 돌았다. 지혜는 동료들을 먼저 들여보내고 독립 서점에 잠깐 들렀다. SNS에서 눈여겨보던 신인 작가가 크라우드 펀딩에 성공해 출간했는데 아직 일부 독립 서점에서만 판매한다고 했다. 다행히 딱 한 권 남아 있던 책을 집어왔다.

퇴근하자마자 바쁘게 향한 곳은 동네 도서관이다. 매주 화요일마다 열리는 독서토론 모임에 참석하기 위해서다. 벌써 세 번째 시간이라 사람들과도 꽤 편해졌다. 연령대나 직업은 모두 달라도 책에 대한 애정만큼은 똑같았다. 어렵게만 느끼던 미술사였는데 운이 좋게도 모임원 중 한 분이 전공자라 알기 쉽게 설명해줬다. 한 시간 반 동안 즐겁게 웃고 떠들다 보니 회사에서 받았던 업무 스트레스까지 해소되는 기분이다. 이번 주말에 김영하 작가가 도서관에 온다는 소식에 모임원 모두 들떠 있다.

집으로 돌아온 지혜는 가방에서 다 읽은 《달과 6펜스》를 꺼냈다. 그가 표시해둔 알록달록한 인덱스 스티커들이 페이지마다 붙어 있다. 안정적인 삶을 버리고 꿈을 좇는 스트릭랜드의 열정은 타성에 젖어 일하던 그에게 큰 자극이 되었다. 표시해둔 문장에 나중에 따로 타이핑해서 블로그에도 기록해둘 참이다.

내일은 어떤 책을 가방에 넣어갈까. 책장을 톺아보며 골라본다. 책장에는 소설, 역사, 과학, 철학 등 다양한 분야의 책들이 가득 차 있다. 되도록 여러 분야의 책을 골고루 읽으려는 노력이다. 똑같은 책이 두 권씩 있는 것은 책을 샀다는 사실을 까맣게 잊고 또 주문했기 때문이다. 처음에는 당황스러웠지만, 몇 번 반복되자 그러려니 하게 됐다.

아침에 읽었던 노자를 펼쳐 문장을 필사하고 인스타그램에도 사진을 찍어 올렸다. 이렇게 올린 필사 글귀가 벌써 500개 넘게 쌓였다. 잠자리에 누워 스마트폰을 열었다. 자기 전 온라인 서점에 들어가서 출석 체크를 하는 게 하루의 마지막 루틴이다. 알뜰살뜰 모은 포인트는 책을 사는 데 요긴하게 쓰일 것이다. 새로 나온 책들을 확인하고 관심 있는 책들을 장바구니에 담았다. 담아만 두어도 저축을 한 듯 든든한 기분이다. 책장에 꽂힌 책의 40%는 아직 읽지 않은 책들이다. 읽는 속도보다 사는 속도가 빨라서다. 때로는 가책도 느끼지만 미래의 내가 읽을 책들이라고 합리화해본다. 20대 때 못 읽었던 책을 30대가 되어 재미있게 읽었듯 책장에 꽂힌 채 기다리는 책들을 언젠가는 만나게 될 것이라 기대하며.

주말에는 북토크에 참여한 후 스타벅스에 가서 밀린 책들을 몰아 읽을 참이다. 다이어트 중이지만 그날에는 바닐라라떼에 까눌레도 먹을 계획이다. 달달한 커피와 책이 있는 휴일을 상상하자니 몸이 달았다. 어서 주말이 왔으면, 그러려면 빨리 자야겠다.

* 어느 다독가의 하루를 상상해서 써봤다.

전자책과 오디오북은
어떻게 읽으면 좋을까?

체험판에 발가락을 담그는 순간 끝이다. 유튜브 프리미엄 무료 체험 한 달이 끝나자 주저 없이 정기 구독을 신청했다. 광고 없이 영상과 음악을 마음껏 보다가 다시 이전으로 돌아가기란 불가능했다. 주변에 많은 독서가가 전자책을 구독하고 있다고 말했을 때도 나는 갖가지 핑계를 대며 종이책을 고수했다. "이북이 필요할 때는 낱권을 사서 읽으면 되지, 어차피 내가 그 많은 책을 읽을 필요도 없고 읽기도 힘들거니와 정작 내가 보고 싶은 책은 거기에 없잖아"라고 했던 내가 전자책 무료 체험 한 달을 경험한 후 당연하다는 듯 1년 결제 버튼을 눌렀다.

서점에 들르면 제목이나 표지가 끌리는 책 위주로 들춰보며 차례를 훑어보곤 했다. 작가이자 독서가로서 호기심이랄까.

'오, 이런 주제로도 책이 되는구나' 하는 발견은 언제나 반갑고 놀라웠는데 전자책은 찾아가는 동선까지 아껴줬다. 전자책 구독 플랫폼에 접속하면 매일 신상(!) 책들이 반짝반짝한 구두처럼 진열되어 있었고 나는 눈치 볼 필요도 없이 신나게 이 구두 저 구두에 발을 넣었다 뺐다 하고는 했다. 밤에 잠이 안 올 때, 화장실에서, 대중교통 안에서도 나의 아이 쇼핑은 그칠 줄 몰랐다.

전자책은 언제 어디서든 바로 독서의 세계로 입장할 수 있다는 커다란 장점이 있지만 종이책 독서에 못 미치는 부분이 있었다. 웬만해서는 완독이 안 되는 점이다. 모든 책을 처음부터 끝까지 다 읽어야 할 필요는 없다. 마음에 드는 부분만 읽어도 되고 읽다가 재미없으면 내팽개쳐도 되는 물건이 책이다. 안 그래도 읽고 싶은 책이 쌓여 있는데 꾸역꾸역 붙들고 있을 이유는 없다. 다만 책의 진가를 알아보기도 전에 너무 쉽게 포기해 버릇하는 습관이 문제였다.

나는 어릴 때와 달리, 뷔페에 가는 것이 별로 달갑지 않은데 과식을 하게 되는 점은 둘째치더라도 허망함 때문이다. 형형색색 먹음직스러운 음식이 푸짐하게 차려져 있고 내가 다 먹어도 된다는 상황에는 절로 웃음이 나지만 물풍선처럼 조그만 위장은 곧 시무룩해지고 만다. 내 것인데 내 것이 되지 못하는 슬픔. 배가 부르게 실컷 먹었는데도 못다 먹은 것에 대한 아쉬움.

전자책 구독은 나에게 뷔페 음식 같은 느낌이 들었다.

그렇지만 언제 어디서나 책을 펴보기에는 종이책보다 전자책이 월등하니, 지금은 둘 다 활용한다. 시간적인 여유가 있을 때, 한 공간에 자리 잡고 1시간 정도는 진득하게 앉아 있을 때는 무조건 종이책이다. 반면 환승 시간이 짧은 대중교통을 탈 때나 화장실에서 자투리 시간을 활용하기엔 전자책이 제격이다.

요즘은 오디오북이라는 선택지가 더 늘었다. 오디오북 독서의 가장 큰 장점은 다른 일과 병행할 수 있다는 점. 종이책이든 전자책이든 읽으려면 눈을 고정해야 하지만 오디오북은 자유롭다. 집 청소를 하거나 설거지할 때 라디오처럼 틀어놓고 들을 수 있다. 운전을 좋아하는 내 친구는 출퇴근길이나 혼자 기분 낼 겸 드라이브를 할 때도 오디오북을 항상 틀어놓는다고 했다. 혹시나 내비게이션 소리를 못 듣고 길을 헤맬까 봐 라디오 소리도 최소로 줄이고 운전하는 쫄보, 나로서는 부러울 따름이다.

단점이라면 아무래도 다른 일과 동시에 하니 집중력이 떨어진다. 문해력 수업을 하다 보면 오디오북을 들어도 문해력에 도움이 되냐는 질문을 종종 받아서 자료를 찾아보았는데 회의적이었다. 문해력은 문맥을 해독하는 과정에 얻어지는 것인데 그러려면 텍스트의 속도를 내가 조절할 수 있어야 한다. 가령, 이해가 덜 된 부분을 다시 한번 읽는다거나 앞 문단에서 이해의 단서를 찾고자 노력해야 하는데 대부분 오디오북을 들으면서 그렇게 하지 않는다. 문맥을 파악하려는 시도를 하기 어려운 구조다.

그래서 오디오북은 재미있는 이야기에 푹 빠져 즐기는 목적으로 활용하면 적당하다. 추리 소설 같은 장르가 좋겠다. 오디오북의 매력으로 성우뿐 아니라 책의 저자나 유명 가수와 배우, 아나운서 등이 읽어준다는 점도 꼽고 싶다. 요즘은 수준급 AI오디오북도 많이 나왔지만 아무래도 내가 좋아하는 유명인의 목소리로 듣는 희열에는 못 따라온다. 오디오북에서 나오는 효과음도 독서에 재미를 더한다. 헤밍웨이의 《노인과 바다》를 오디오북으로 청취한 적이 있다. 노인이 바다에서 상어떼와 사투를 벌일 때 철썩이는 파도 소리가 생생하게 깔리는데 감탄이 절로 나왔다. 강인한 노인을 연기한 성우의 음성은 또 얼마나 실감 나던지. 종이책보다 훨씬 더 입체적으로 느껴졌다.

최근에는 '오브제북'이라는 것도 나왔다. 밀리의 서재에서 인기를 끌었던 최진영의 《구의 증명》이 오브제북 목록에 올라와 있길래 눌러보았다. 책은 이미 전자책으로 읽은 바 있었다. 주인공인 담과 구의 애절한 사랑이 충격적인 방식으로 표현되어 오래도록 여운이 남았던 책이다. 오브제북은 그림과 음악으로 즐기는 새로운 방식의 책이었고 일러스트 작가가 소설의 몇몇 장면과 등장인물을 그림으로 표현했다. 스토리에 어울리는 음침한 배경 음악을 들으면서 책을 음미했다. 금방 흘러가는 동영상이 아니라 충분히 감상할 수 있어서 더 좋았다. 삽화를 클릭하면 작품 해설이 나오니 내 속도대로 읽을 수 있고 효과음도 내가 화면을 눌렀을 때 재생된다. 양방향 형식의 독서 체험이 신선했다. 작가가 그린 그림을 엽서나 스마트폰 배경 화면 크기로 내려받을 수 있게 '디지털 굿즈' 코너까지 마련해두었다. 누가 이런 기특한 생각을 했는지 궁금하다.

과연 책은 어디까지 진화할까. 종이책의 고유함을 사랑하지만 다양한 방식으로 독서를 즐길 수 있다면 마다할 이유가 없다. 그 어느 때보다 책 읽기 좋은 환경인데 해가 갈수록 독서율이 떨어지고 있다니 아이러니하다.

페이지가 절로 넘어가는
독서 명당

세상에서 가장 시간이 느리게 흐르는 공간은 비행기 안이 아닐까. 비좁은 좌석에 장시간 스마트폰도 못 보고 꼼짝없이 갇혀 있다 보면 좀이 쑤시다 못해 고통스럽기까지 하다. 퉁퉁 부은 종아리를 주물러 가며 이리저리 자세를 바꿔보아도 여전히 편치 않다. 별수 없이 앞 좌석 등받이에 달린 모니터로 옛날 영화를 관람하며 지루함을 달래 본다. 해외여행을 무작정 반기지 못하는 까닭은 이렇듯 비행 때문이다.

   그런데 한 번은 탑승한 지 얼마 되지도 않은 것 같은데 곧 착륙한다는 기내 방송이 나온 적이 있다. 시계를 보니 어느새 7시간이 흘러 있었다. '벌써 다 왔단 말이야?' 하는 아쉬움이 들 정도였다. 시간을 짧게 편집해준 도구는 다름 아닌, 추리 소설이었다. 소설은 좋아해도 추리 소설을 즐겨 읽지는 않았다. 내용은 흥미진진하겠지만 아름다운 묘사라든지 독창적인 표현, 메시지 면에서는 아쉬울 것이라는 편견이 있었다. 좋아하는 작가들의 책만 챙겨 읽어도 시간이 부족한데 부러 추리 소설을 찾는 일은 없었다.

비행기에 타기 직전, 밀리의 서재에서 정해연의 《홍학의 자리》를 발견했다. 함께 글쓰기 모임을 했던 분이 최근 재미있게 읽었다며 추천했던 책이었다. 공교롭게 눈에 띄어 별생각 없이 내려받았다. 장편 소설은 보통 50페이지 정도는 읽어야 등장인물들의 관계와 상황이 대략 파악이 된다. 소설을 읽기 힘들어하는 이들은 이 초반을 견디지 못해 보통 포기한다. 그런데 추리 소설은 이러한 진입 장벽이 없다. 답답증은커녕 '그래서? 어떻게 됐는데? 그다음은?' 꼬리에 꼬리를 물고 다음 페이지를 읽게 만든다. 궁금해서 애가 타고 전전긍긍하다가 반전이라는 얼음물을 끼얹어 정신이 번쩍 들게 한다. 그러고 나면 다시 처음부터 읽고 싶어진다. 내가 놓친 복선이 무엇이었는지 안달하며.

이야기에 몰입하자 좁고 불편한 감각이 사라졌다. 인터넷이 안 되니 스마트폰으로 딴짓도 못 한다. 몇 시간 동안 오로지 독서에만 집중할 수 있었다. 전에도 비행기 안에서 책 읽기를 시도한 적이 있었지만 대부분 실패했다. 불편한 자세와 소음이 신경 쓰여 몇 자 읽다가 포기하곤 했다. 그런데 흥미진진한 스토리와 플롯으로 승부하는 추리 소설은 그 방해 요소를 무시하기에 충분했다. 그러니까, 재미가 악조건을 이긴 셈이다.

단 하나의 아쉬움은 전자책 리더기가 아니라 스마트폰으로 읽었다는 점이다. 여러 가지 물건을 들고 다니기를 귀찮아해 전자책은 스마트폰으로 보면 충분하다고 여긴 탓이다. 하지만 장시간 어두운 환경에서 책을 읽다 보니 눈이 피곤해지는 건 어쩔 수 없었다. 거울을 보니 실제로 눈이 뻘겋게 충혈되어 있었다(그렇지만 당연히 읽기를 멈출 수 없었다). 그 후로 비행기는 나의 독서 명당 리스트에 들어왔다.

독서에 집중이 잘 되는 나만의 공간, 독서 명당을 많이 만들어두면 그만큼 책 읽을 기회가 늘어난다. 많은 사람이 공감하는 대표적인 독서 명당으로는 카페가 있다. 여행 갈 때는 일부러 일정을 빡빡하게 잡지 않는다. 하루쯤은 현지의 괜찮은 카페를 찾아 책 읽는 여유를 갖고 싶기 때문이다. 나는 밖이 훤하게 보이는 자리를 선호한다. 책을 읽다가 문득 고개를 들었을 때 눈앞에 보이는 풍경은 독서의 소화제가 되어주니까. 기왕지사 핸드 드립 커피를 팔면 좋겠다. 산미가 풍부한 원두를 바로 갈아서 바리스타가 정성스러운 손길로 내려주면 환대받는 기분이 든다. 커피를 홀짝이며 한두 시간 정도는 스마트폰을 가방 속에 넣어두고 독서를 온전히 즐긴다. 어디에 가도 카페가 천지인 우리나라는 도처가 독서 명당이다.

내가 찾은 독서 명당

비행기
독서가 비좁은 공간과 지루한 시간을 잊게 해준다. 순식간에 몰입되는 추리 소설 꼭 챙기기.

카페
경쾌한 음악이 흐르고 통유리창 밖으로 평화로운 풍경이 보이는 곳. 소음이 심하고 카페 주인의 눈치가 보이는 1층보다는 2층을 선호한다. 의자가 딱딱하거나 테이블이 낮은 자리는 피한다.

비행기와 카페가 장시간 책 읽을 때 명당이 된다면, 틈새 시간에 유용한 명당도 있다. 조금 더 시간이 걸리더라도 이동할 때 버스나 지하철을 타는 이유다. 멀뚱멀뚱 앞사람을 바라보느니 책을 꺼내 읽는다. 물론 스마트폰의 강렬한 유혹을 뿌리쳐야 가능하다만, 이렇게 생각해본다. '어차피 평소에 스마트폰을 들여다보는 시간이 많으니 이동할 때만큼은 책을 읽어보자.'

특히 일상이 너무 바빠 책 읽을 시간이 없다고 볼멘소리를 한다면 버스나 지하철, 기차와 같은 이동형 독서 명당을 꼭 활용해보라고 추천하고 싶다. 하루 네다섯 장일지라도 하루하루가 모이면 어느새 책 한 권 뚝딱이다. 만약 이동 시간이 짧거나 자주 갈아타야 하는 여건이라면 단편 소설이 적합하다. 짧은 시간 내 끊김 없이 완결을 볼 수 있다. 성취감도 있다.

어떤 이에게는 공원 벤치가, 또 어떤 이에게는 수영장의 선베드가 독서 명당이 될 것이다. 나에게 맞는 독서 명당을 찾으려면 전제조건이 있다. 항상 책을 지니고 있어야 한다. 그런데 이상하게 꼭 책이 필요할 때는 없다. 이때 나만의 묘수를 소개하자면, 참고로 '마스크'에서 힌트를 얻었다. 코로나 팬데믹 때 마스크 챙기기를 자주 깜박하는 바람에 집에 쌓여 있는 것을 두고도 새로 사는 일을 반복했다. 내가 들고 다니는 모든 가방에 마스크를 하나씩 넣어두었더니 가방을 바꾸어도 잊어버리는 일이 없었다. 이처럼 내가 드는 모든 가방 속에 책을 한 권씩 넣어두면 어떨까. 언제든 독서 명당 테스트를 해볼 수 있다. 책 입장에서도 어차피 책꽂이에서 내내 잠들어 있느니 주인의 가방 속에서 펼쳐지기를 기대하는 편이 낫지 않겠는가.

책도 페어링해서 읽으면 효과 두 배

제주에 연극을 보며 현지 음식을 즐기는 프로그램이 있다고 한다. 2시간 동안 해녀의 삶을 담은 연극을 관람하면서 해녀가 직접 채취한 해산물 뷔페를 맛보는 형식이다. 공연과 미식의 만남이라니, 다시 여행 가게 되면 꼭 경험해 보리. 나는 이처럼 여러 겹의 체험을 좋아한다. 공연은 공연대로, 음식은 음식대로 특별해진다. 상승효과를 끌어내는 페어링pairing이다.

페어링하면 요리와 술을 빼놓을 수 없다. 소주가 빠진 활어회, 맥주 없이 먹는 치킨을 떠올려보면 답이 나온다. 요리와 주종의 색상을 '깔맞춤'하는 와인 페어링이 대표적이다. 일반적으로 생선과 닭고기는 화이트 와인, 붉은 고기는 레드 와인과 어울리는데 음식의 맛과 향, 무게감을 와인의 특성과 잘 매치

시켜 서로의 풍미를 끌어 올린다.

독서에도 페어링은 유효하다. 나는 글쓰기가 유독 어렵게 느껴지는 날이면 책꽂이에 꽂혀 있는 요조의 《아무튼 떡볶이》를 꺼내 읽는다. 언제 읽어도 술술 읽히며 재치가 넘치는 문장은 새삼 '맞아, 글쓰기는 이렇게 재미있는 일이었지'라는 깨달음을 준다. 문제는 식욕도 함께 깨닫는다는 점. 어느새 배달앱을 열어 떡볶이를 고르고 있으니 말이다. 뮤지션이자 떡볶이 애호가로 유명한 요조는 그 책을 읽고 보내는 최고의 찬사는 떡볶이를 먹는 것이라고 했는데, 그의 책에 찬사를 보낸 이들이 어디 나뿐이었을까. 《아무튼 떡볶이》를 읽고 나서 쫄깃쫄깃 매콤한 떡볶이를 먹노라니 독후활동을 제대로 했다는 뿌듯함도 들었다. 간접 체험이 직접 체험으로 확장된 셈이다.

책과 음악의 페어링도 환상적이다. 한창 그림책에 관심이 생기던 때였다. 이수지 작가가 그림책 《여름이 온다》로 아동문학계의 노벨상이라 불리는 안데르센상을 받았다. 마침 내가 좋아하는 계절, 여름이 다가오고 있었으니 고민하지 않고 책을 주문했다. 책은 마치 웨딩 앨범처럼 크고 두꺼웠다. 일반적인 그림책과 다른 묵직한 외형에 당황스러웠으나 사랑스러운 그림체에 금방 마음이 몽글몽글해졌다. 아이들이 마당에서 신나게 물놀이를 즐기는 모습을 드로잉과 콜라주 기법으로 표현한, 글 없는 그림책이었다.

책은 비발디의 〈사계〉 중 〈여름〉 악장에서 모티프를 따 총 3악장으로 구성됐다. 책날개에 있는 QR코드를 스마트폰 카메라로 찍으면 출판사 유튜브로 연결돼 비발디의 음악을 들을 수 있었다. 음악과 함께 감상하는 그림책이라니! 하라는 대로 QR코드로 접속해 음악 볼륨을 높였다. 눈으로는 천천히 그림을 음미하며 귀는 활짝 열었다. 책을 읽는 내내 황홀한 공감각의 세계를 만끽했다.

이수지 작가가 실제로 아이들과 물놀이했을 때를 떠올리며 그림을 그렸다는데, 그래서인지 장면들이 입체적이었다. 물풍선을 던지고 호스로 물을 뿌리는 생동감 넘치는 모습을 마치 여러 대의 카메라로 찍은 것처럼 다각도로 담았다. 차가운 물줄기와 물방울이 그림책 밖으로 튀어나와 나에게까지 닿는 듯 선뜩한 기분이 들었다. 놀랍게도 마지막 장을 덮으니 1시간이 흘러 있었다. 글자도 없는 그림책을 이렇게 오래 보다니. 코로나19로 문화생활에 목말라 있던 나는 그렇게 안전한 집안에서 블루투스 스피커를 빵빵하게 틀어놓고 '집콕 그림책 콘서트'를 즐겼.

책과 음악의 조합을 출판계에서도 주목하는 모양이다. 예스24는 유튜브 채널에 책 읽을 때 듣기 좋은 곡들을 가수별로, 문학동네에서는 소설가가 자신의 책과 함께 들으면 좋은 곡을 직접 선정해 플레이스트로 꾸려서 올려놨다. 한겨레출판에서도 책 제목과 문장을 활용해 함께 들으면 좋은 플레이리스트를 만들어 선보이기도 했다.

공감각의 경험은 단편적인 경험을 뛰어넘는다. 시각에 청각이 더해지면 감동이 두 배가 아니라 다섯 배도 된다. 바이올린 연주를 귀로만 듣는 것보다 현란하게 연주하는 연주자의 동작과 표정을 보면서 들으면 더욱 뭉클한 것처럼. 문화심리학자 김정운 박사도 《에디톨로지》에서 인간의 모든 정서적 경험은 하나의 감각기관으로만 결정되는 것이 아니라며, 음악을 듣는 공간과 음식의 미적인 아름다움도 감동을 끌어 올리는 요소라고 언급한 바 있다.

독서를 더욱 즐겁게 만드는 페어링을 꾸려봤다. 여기에서 실마리를 얻어 자신만의 독서 페어링을 구성해보면 어떨까.

책과 음식
- 무라카미 하루키 《도시와 그 불확실한 벽》과 블루베리 머핀과 홍차
- 구병모 《위저드 베이커리》와 시나몬 쿠키, 건포도 스콘, 피낭시에
- 어니스트 허밍웨이 《노인과 바다》와 고등어구이 반상

책과 음악
- 무라카미 하루키 《노르웨이의 숲》과 비틀스 앨범 《서전트

페퍼즈 론리 하츠 클럽 밴드Sgt. Pepper's Lonely Hearts Club Band》
혹은 빌 에반스 앨범《왈츠 포 데비Waltz For Debby》
- 공자《논어》와 가야금 산조
- 노자《도덕경》과 계곡물 소리 ASMR
- 김연수《청춘의 문장들》과 김광석 노래《서른 즈음에》

책과 계절

- **봄** : 시작의 기운을 불어넣다
  제임스 클리어《아주 작은 습관의 힘》, 오은《초록을 입고》
- **여름** : 무더위를 날려버리다
  히가시노 게이고《용의자 X의 헌신》, 정유정《7년의 밤》
- **가을** : 타인의 온기가 필요할 때
  김승섭《아픔이 길이 되려면》, 프레드릭 배크만《오베라는 남자》
- **겨울** : 인간성의 고뇌와 탐구
  클레어 키건《이처럼 사소한 것들》, 최승자《한 게으른 시인의 이야기》

> 도끼 같은 책

행복에 가까워지는 습관

최인철,《굿 라이프》, 21세기북스, 2018

언제부터인가 '행복하다'는 말을 당당히 꺼내기가 눈치 보였다. 한 번은 회사 동료들과 대화 도중 요즘 행복하냐는 질문을 받고 싱글벙글 웃으며 그렇다고 했더니 모두 눈을 동그랗게 뜨고 놀라는 것이었다. 자신 있게 행복하다고 말하는 사람은 처음 봤다는 반응에 큰 실수라도 저지른 것만 같아 뻘쭘했던 기억이 난다.

행복의 실체를 밝히려는 노력은 아주 오래전부터 계속되었다. 고대 그리스 철학자 아리스토텔레스는 '관조'하는 삶을, 에피쿠로스는 마음의 평정심에 도달한 '쾌락'의 상태를 행복으로 보았다. 요즘은 소소한 즐거움도 존중받는 분위기지만, 그럼에도 행복이라는 단어는 함부로 입에 올릴 수 없는 대단한 가치처럼 느껴진다.

  이왕 태어났으니 살아야 한다면 누구나 행복하게 살고 싶다. 그래서 행복을 주제로 한 책은 아무리 읽어도 질리지 않는다. 최인철 교수의《굿 라이프》는 실용적인 행복론이다. 저자는 행복하려거든 마음가짐을 바꾸라는 뻔한 말 대신 행복한 일상을 꾸리라고 조언한다. 행복을 습관 차원에서 바라보는 것이다. 가만히 살펴보면 불행한 사람은 불행할 수밖에 없는 행동을 하고 행복한 사람은 행복할 수밖에 없는 행동을 하고 있다는 이야기다. 저자는 자신 있게 말한다. 행복해지고 싶으면 행복한 사람 옆으로 가라. 환경을 바꾸는 게 그 시작이라고.

  서울대 행복연구센터 센터장이기도 한 저자는 행복한 사람들의 일상을 분석했다. 그들은 '해야 한다'보다는 '하고 싶다'를 지향하는 삶을 살았다. 역할과 의무, 책임도 물론 중요하지만 꿈과 이상, 열망을 포기하지 않는다는 것이다. 사회인으로 누구나 꼭 해야 하는 역할이 있다. 하지만 그것을 지키는 데만 급급한 하루를 살면 행복은 영원히 도망칠 것이다.

  행복한 사람은 소유하는 대신 경험을 택한다. 많은 사람이 돈과 시간이 있다면 가장 하고 싶은 일을 여행으로 꼽는 이유 아닐까. 여행의 본질이 경험이고, 다양한 경험 속에서 행복이 고개를 내밀기 때문이다. 여행은 해야 하는 일이 아니며 경험이고 자발적이다. 재미있는 점은 물건을 소유할 때도 내가 씌우는 프레임에 따라 행복의 정도가 바뀐다는 것이다. 가령, 명품 가방을 살 때 '남들한테 자랑해야지'가 아니라 '독특한 디자인을 경험해봐야지'라고 생각하면 행복도가 올라간다는 것이다.

행복은 즐거움이기도 하지만 의미를 찾는 일이기도 하다. 저자는 나라에 헌신하거나 봉사활동을 해야만 의미 있는 게 아니라고 했다. 사랑하는 이를 위해 담배를 끊는 일, 꽃 한 송이를 선물하는 일처럼 자신이 소중하다고 여기는 사람에게 기쁨을 주거나 세상을 이해하려고 노력하는 것도 의미가 있다. 2차 세계대전 당시 아우슈비츠 포로수용소에서의 경험을 바탕으로 쓰인 《빅터 프랭클의 죽음의 수용소에서》가 떠올랐다. 정신과 의사인 빅터 프랭클 박사는 극도의 굶주림과 노동착취, 학대 속에서도 끝까지 살아남는 사람은 삶의 의미를 찾은 사람이었다고 결론 지었다. 의미는 자신이 사랑하는 일과 사람, 시련에 대한 태도에서 만들 수 있다고 덧붙였다.

다시 돌아와, 저자 최인철 교수는 행복한 삶의 화룡점정은 품격이라고 말한다. 지금보다 더 좋은 사람이 되고자 노력하는 자세가 우리 삶을 더 풍요롭고 행복하게 만든다는 것이다. 사람은 보통 자신과 지리적으로 가깝거나 교육 수준, 부의 수준이 비슷한 사람과 어울리기 쉽다. 그러다 보면 사고가 경직되고 다양한 삶의 양상을 이해하지 못하게 된다. 공감대가 부족한 편협한 시선은 혐오를 양산하기도 한다. 이러한 편중을 극복하고자 스스로 부단히 노력하는 것, 그것이 바로 품격이다.

결국, 행복은 거창하거나 소소한 것도, 마음먹기에 달려 있는 것도 아니다. 내가 지향하고 실천하는 행동이며 습관이다. 하루를 소중히 여겨서 평소보다 일찍 일어나 명상을 한다거나 감사 일기를 쓴다면, 몸과 마음의 강건함을 챙기고자 꾸준히 운동한다면 이미 행복을 누리고 있다는 뜻이기도 했다. 내 삶의 의미를 만들어가는 일이 곧 행복이자, 굿 라이프다. 어쩌면 행복은 좋은 습관의 다른 이름일지도 모른다.

5.
잘 읽고 온전히
내 것으로
만드는 법

짧게 쓰고 문해력 챙기는 300자 독후감

 온라인상에서 '책을 아무리 읽어도 인생이 달라지지 않는다' 라는 식의 글들을 마주칠 때가 있다. 성인 문해력 문제가 언론에 자주 거론되고 독서를 종용하는 분위기가 이어지자 이에 반감을 느낀 이들이 관심을 구하며 올린 글이다. 반은 맞고 반은 틀린 소리다.

 책을 읽고 변화를 원한다면 반드시 아웃풋 활동이 뒤따라야 한다. 나만의 언어로 생산하고 정리하는 시간이 필요한 것이다. 손을 통하지 않는 독서는 과격하게 말하자면 밑 빠진 독에 물 붓는 격이다. 다독가이자 다작가인 다산 정약용 선생 역시 정독(꼼꼼하게 읽기)을 기본으로 손을 움직여서 질서(생각 메모)와 초서(베껴 쓰기)를 했다고 알려져 있다. 나도 독서의 혜택을 크게 누리고자 그렇게 책을 읽고 있다. 그전까지는 책을 다 읽어도 내용을 금방 잊어버리곤 했는데, 아웃풋 독서를 실천한 뒤로는 책이 주는 여운과 통찰이 뇌리에 깊숙이 남아 일상에 살아 숨 쉬는 듯한 느낌이 든다.

실제로 나는 책을 열심히 읽고부터 인생이 꽤 달라졌다. 삶의 행복도가 높아졌다. 책으로 인간성을 기르고 삶에 필요한 다양한 기술을 증진했다. 책에서 얻은 지혜는 살면서 부딪히는 문제를 해결하는 데 힘이 되었고 타인을 배려하는 그릇도 전보다 넓어졌다. 독서는 기존에 내가 가지고 있던 정보와 지식을 해체했다가 재통합하는 과정이기도 하다. 그 과정을 반복할수록 나의 지적 재산은 조금 더 높은 수준으로 향상됐다. 밥벌이 능력에도 톡톡히 기여했다. 책이 나를 더 좋은 사람들과 만나도록 연결해주었고 나의 업에서 성과를 내게끔 이끌었다. 이것이 내가 책을 읽으면 인생이 달라진다고 말하는 배경이다.

인생이 달라지려면 어느 정도 운도 따라야 하지만, 문해력이 달라지는 데는 아웃풋 독서법이면 충분하다. 문해력이 달라지면 책을 제대로 읽을 수 있고, 제대로 읽으면 인생이 달라질 확률이 높아지니 사실은 선순환이다. 문해력은 입력(읽기)-출력(쓰기)의 누적을 통해 향상된다. 아웃풋이 필요한 이유다. 책을 다 읽은 후 독후감이나 서평을 남기는 일로, 저자의 언어를 꼭꼭 씹어 소화한 후 나의 언어로 번역하는 작업인데 솔직히 쉽지는 않다. 나는 지금도 글쓰기 중에 서평이 가장 어렵다. 지금보다 서평에 익숙지 않았던 5년 전에는 서평 한 편을 쓰는 데 열 시간 가까이 걸리기도 했다. 방대한 분량에서 무엇이 중요한지 가려내고 그에 대한 평가와 소감을 곁들이는 작업은 분석력, 요약 능력, 논리력, 구성력 등 고차원적인 사고 과정을 요구한다. 특히 써야 하는 분량이 길어질수록 부담이 크고 어렵다. 책을 둘러싼 폭넓은 배경지식이 받쳐주어야 하기 때문이다.

그러면 한줄평은 쉬울까. 그것도 아니다. 방대한 내용에서 핵심 메시지를 뽑아 책의 의미를 한 줄로 정의하려면 머리에 쥐가 난다. 그렇다면 독서 입문자는 서평을 어떻게 시작해야 할까. '300자 독후감'을 제안해본다. 300자 독후감은 타인이 아닌 나를 위한 글이다. 객관적인 평가나 책의 가치를 논하기보다는 내가 오래도록 책을 잊지 않으려는 데 그 목적이 있다. 다음은 루이스 캐롤Lewis Carrol의 《이상한 나라의 앨리스》를 읽고 쓴 300자 독후감의 예시다.

영국 작가 루이스 캐롤의 《이상한 나라의 앨리스》(1865년 출간)는 앨리스라는 소녀가 언니의 무릎에서 낮잠을 자면서 한바탕 꾼 꿈 이야기다. 앨리스는 회중시계를 든 토끼를 쫓다가 굴속으로 떨어지는데 그때부터 신기한 일들이 펼쳐지기 시작한다. 그곳에서는 버섯을 먹으면 키가 지붕에 닿을 만큼 커지거나 토끼만큼 작아지기도 한다. 애벌레, 고양이, 바다거북 등 다양한 동물들과 대화를 나눌 수 있고 재판장에 증인으로 서기도 한다. '이상한 나라'에서 벌어지는 기상천외한 모험은 시들어 있던 동심을 깨우고 메말라 있던 상상력에 기름칠한다. 아이들도 좋아하겠지만, 정답만을 찾느라 지친 어른에게도 활력을 불어넣어 줄 만한 책이다.

위 분량이 공백 포함 337자다. 써볼 만하지 않은가. 독후감 쓰기를 구실로 개인 블로그를 하나 만드는 게 시작이다. 긴 분량이 아니니 SNS도 괜찮다. 온라인 서점에서도 블로그 기능을 제공하니 마음이 끌리는 데로 선택한다. 5가지 내용을 채우면 300자 독후감이 뚝딱 완성된다.

300자 독후감 쓰는 법

1. 책 제목과 저자, 출간 연도 소개

책 제목과 저자 소개로 시작한다. 저자의 이력이 독특하다면 한 줄 정도 추가해도 좋다. 작품과 시대적 배경은 분리해서 생각하기 어려우니 책의 출간 연도도 적어두자. 다른 독후감들이 쌓였을 때 시대상을 비교해볼 수 있다.

2. 주요 내용 요약

책의 주요 내용을 서너 문장으로 요약한다. 전체 줄거리 중 중요한 사건(비문학이라면 핵심 주장)을 순서대로 정리하면 된다. 나중에 다시 독후감을 읽어봤을 때 '맞아, 이런 내용이었지' 하는 정도면 충분하다.

3. 책의 장단점

책의 장점이나 인상 깊은 점을 언급한다. 이를테면 탄탄한 구성, 풍부한 생각거리, 개성 있는 캐릭터, 신선한 주제, 섬세한 문체 등이다. 장점보다 단점을 짚어내는 것이 더 어렵다. 단점이 없다면 굳이 쓰지 않아도 되지만 고민하는 과정에 비판적인 시각을 기를 수 있다.

4. 느낀 점

책이 어떤 감정을 불러일으켰는지, 어떤 점이 인상 깊었는지를 간단히 표현한다. 읽는 내내 감정은 계속 변한다. 흥미진진했다가 먹먹해지기도 한다. 고정관념이 깨지거나 분노가 일기도 한다. 나는 왜 그런 감정을 느꼈을까를 써본다.

5. 추천 대상

마지막으로 누구에게 이 책을 추천하는지 혹은 어떤 상황일 때 읽으면 좋은지도 써본다. 나의 기록용 독후감이지만 이 훈련을 반복하면서 서평으로 나아갈 수 있다.

300자 독후감도 부담스럽다면 '독전감' 쓰기로 몸을 풀어보자. 말 그대로 책을 읽기 전에 작성하는 글이다. 부제를 포함한 책 제목, 표지에 쓰인 카피와 일러스트를 보고 어떤 책일 것 같은지 예측해서 써보는 것이다. 독전감의 백미는 차례 분석이다. 장마다 차례 제목을 보고 어떤 내용이 담겨 있을지 상상력을 발휘해보자. 틀려도 상관없다. 추측해보는 설렘과 즐거움 역시 독서 활동의 일부다. 책을 읽으면서 내가 추측한 내용이 맞는지 확인하게 되니 몰입도 더 잘 된다. 단, 독전감은 비문학 분야 책에 적합하다. 문학은 차례에서 내용을 추측할 만한 단서를 제공하지 않는다.

적용하기

지금 바로 《다시 시작하는 평생 독서법》 300자 독후감을 써보자. (미루면 귀찮아진다)

작가의 세계관
단숨에 이해하기

전자책 플랫폼에서 우연히《책 좀 빌려줄래?》라는 독특한 제목의 책을 발견하고 바로 종이책으로 주문했다. 어떤 책은 종이책으로 읽어야만 온전히 매력을 느낄 수 있는데 그 책이 그래 보였기 때문이었다.

가운데 구멍이 뚫려 있는 양장 표지부터 예사롭지 않았다. 책이 가득 꽂혀 있는 거대한 책장이 있고 그 앞에 책을 읽는 사람이 앉아 있는 그림인데, 책장의 중간쯤 가로세로 1.5cm의 정사각형 구멍이 있다. 구멍 속에는 독서 하는 사람을 몰래 훔쳐보는 듯한 또 다른 얼굴이 보인다. 표지를 넘기면 나오는 면지에 바로 그 훔쳐보는 사람이 서 있는데(표지의 뚫린 구멍으로 면지가 노출되게끔 만든 형태) 자신의 책장을 온몸으로 가리려는 모습이 익살맞다. 남은 무슨 책을 읽는지 궁금해 훔쳐보면서 자신이 읽는 책은 애써 감추고 싶어 하는 심리, 독서가라면 누구나 공감하지 않을까. 나의 책장을 보여주는 것은 마치 내 머릿속을 전부 보여주는 것 같아 홀딱 벗은 기분이 들기도 하니 말이다.

저자인 그랜트 스나이더Grant Snider의 본업은 치과의사인데 그는 자신을 '책 중독자'라고 일컫는다. 요즘 말로 '책 덕후', 예전 말로 '책벌레'쯤 된다. 책은 만화 에세이로, 그가 직접 쓰고 그렸다. 오밀조밀한 그림체는 귀엽고 우스꽝스러우며 무슨 물건이든 책갈피로 쓰고 같은 책을 두 권 갖고 있다거나 도서관 연체에 시달리는 등 공감 가는 에피소드로 가득하다.

에피소드마다 킥킥대며 읽었지만, 가장 인상 깊었던 것은 '무라카미 하루키 빙고' 부분이었다. 빙고 게임처럼 가로세로 5줄 빈칸에 '무라카미 하루키'와 관련된 키워드를 채워놓은 것인데 저자가 뼛속까지 하루키 팬임을 인정할 수밖에 없었다.

하루키 소설의 주인공들은 보통 '조숙한 10대'가 담당하고, 그의 대표작 《1Q84》부터 최근작인 《도시와 그 불확실한 벽》에서도 '평행 세계'를 다룬다. 《기사단장 죽이기》에서 인상 깊었던 '비밀 통로'는 평행 세계를 이어주는 수단이다. 게다가 달리기, 요리, 재즈를 좋아하는 하루키의 개인적인 취향까지. 나 역시 하루키의 팬이지만 25개의 칸을 채울 정도로 그의 세계

신비로운 여인	귀 페티시	마른 우물	무언가의 실종	누군가 뒤를 밟는 느낌
예기치 않은 전화	고양이	오래된 재즈 음반	도시의 권태감	초자연적인 힘
달리기	비밀 통로	자유 공간	기차역	역사적 장면 회상
조숙한 10대	요리	고양이에게 말 걸기	평행 세계	기이한 섹스
멋진 표지 디자인	도쿄의 밤	특이한 이름	얼굴 없는 악당	사라진 고양이

그랜트 스나이더, 《책 좀 빌려줄래?》, 윌북, 2020

를 꿰뚫지는 못할 것 같다. 좋아하는 작가의 빙고 판 만들기라니, 그야말로 최고의 덕질 아닌가. 나도 그를 따라 친애하는 작가 두 분의 빙고 판을 만들어봤다. 역시 25개 내용을 채우기가 쉽지 않다.

그리움	식물	엄마	행성	초콜릿
사랑	바닷가 우체국	편지	고양이 흑산이	애플망고
관능	노을	시인서가	물리학	늙은 호박
적요	색		관성	
빨강				

작가 림태주 빙고

마음	일본	언니	이모	할머니
자매	가족의 역사	비폭력	상처	세대 간의 갈등과 화해
상실	한국 현대사의 그림자	의문	고향 풍경	이혼
치유				

작가 최은영 빙고

덕질 방식도 가지가지다. 내가 아는 한 독서가는 자신이 좋아하는 에세이 작가의 북토크 소식이 들리면 어김없이 신청해서 참석했다. 그의 정성이 통한 걸까, 작가와의 소규모 데이트 이벤트에 당첨되어서 '최애 작가'와 함께하는 식사 자리에 초대되기도 했다. 작품 속에서만 만났던 작가와 직접 만나서 밥을 먹고 대화를 나누다니 얼마나 설렜을까.

책을 읽다 보면 나와 결이 맞거나 닮고 싶은 작가를 발견할 때가 있다. 그럴 때는 그 작가가 낸 책을 한 권, 한 권 섭렵해보자(《다시 시작하는 평생 독서법》이 마음에 들었다면 바로 덕질을 시작하시길!). 처음 낸 책부터 순차적으로 읽어도 좋고 거꾸로 거슬러 올라가는 순서도 재밌다. 내가 좋아하는 작가의 변천사와 세계관에 파고드는 집착적인 독서는 아이돌 덕질에 버금가는 행복을 선사하리라 보장한다.

적용하기

내가 가장 좋아하는 작가의 빙고를 만들어보자.

독서 모임, 만나지 않아도 됩니다

'프랭클린 플래너'로도 친숙한 미국 건국의 아버지, 벤저민 프랭클린은 본의 아니게 마감 덕을 본 사람이다. 그의 아버지는 책을 좋아하는 아들의 성향을 일찍이 알아보고 그의 나이 열두 살 때 형이 일하는 인쇄소에 취직시켰다. 프랭클린은 서적상의 도제들과 친해져 책을 쉽게 구했지만, 손님이 찾을 수 있어 보통 저녁에 빌리면 이튿날 아침 일찍 돌려줘야 했기에 어쩔 도리 없이 방에서 꼼짝도 않고 밤을 지새우며 책을 읽었다고 한다. 덕분에 어릴 적부터 남다른 지성을 키운 그는 뛰어난 창의력과 추진력을 바탕으로 지역사회에 수많은 업적을 남겼다.

읽기와 쓰기는 마감이 있을 때 원활하다. 혼자서 책을 읽으면 언제까지 다 읽겠다는 기약이 없고 설사 마음속으로 정해도 흐지부지하기 쉽다. 그래서 나는 읽기 어려운 책일수록 독서 모임에 기댄다. 그러면 함께하는 모임원을 의식해서라도 약속을 지키게 된다.

완독률을 높여주는 것 외에도 독서 모임의 미덕은 다양하다. 책을 제대로 소화하려면 반드시 내 몸을 통과해 내보내는 독후활동이 필요하다. 두 가지 길이 있다. 독후감을 써서 글로 내보내거나, 독서토론을 하며 말로 내보내는 것이다. 서평을 써야 참여할 수 있는 독서 모임에 들어가면 둘 다 가능하다.

코로나19가 잠잠해지자마자 나는 매달 진행하던 온라인 독서 모임을 오프라인 방식으로 바꾸었다. 사람들과 직접 얼굴을 마주보며 공감을 나누던 과거가 사무치게 그리웠기 때문이다. 하지만 온라인에 익숙해졌다가 다시 오프라인으로 넘어가려니 아쉬운 점도 생겼다. 그동안 PC 화면만 켜면 전국 각지에 있는 모임원들과 만났는데 더 이상 함께하기가 어려워진 것이다. 독서 모임을 하자고 하루를 온전히 투자하고 십만 원에 가까운 왕복 교통비를 지불하기는 현실적으로 쉽지 않다(그럼에도 몇몇 분이 계시다!). 또 온라인의 경우 직장인이더라도 저녁에 컴퓨터 앞에 모이는 것이 가능했으나, 대면 모임은 이동 시간이 있다 보니 주말에만 가능하게 됐다. 여러모로 시간과 공간에 제약이 생긴 것이다.

어떻게 보면 독서 모임에 참여할 수 있는 환경에 살고 있는 것 자체가 행운이란 생각이 들었다. 문화생활을 즐길 수 있는 공간과 프로그램이 수도권에 집중되어 있다 보니 외진 지방에서는 모임원을 찾기가 쉽지 않다.

반면, 물리적인 환경은 받쳐주지만 용기를 내지 못해 고민하는 사람도 있다. 책을 좋아하고 독서 모임에도 관심이 있는데 낯을 가리고 소심한 성격 탓에 망설이는 것이다.

'독서 모임에 참여하는 사람이면 다들 똑똑할 텐데 나의 무식이 탄로 나면 어쩌지.'

'나는 말주변이 없고 부끄러움도 많은데.'

'한 번도 안 해봐서 무슨 말을 해야 하는지 모르겠어.'

대면 독서 모임이 여러모로 부담스럽다면 몇 가지 대안이 있다.

1. 비대면 화상 플랫폼에서 시간과 장소 상관없이

지역이나 장소에 구애받지 않는 것이 가장 큰 장점이다. 5~8명 내외로 참여하면 돌아가면서 발언하기 적당하다. 인원이 너무 많다면 굳이 대화에 참여하지 않고 관전만 해도 된다. 채팅 기능을 활용하기도 한다. 특히 어린 자녀를 키워서 혼자 있기 힘든 엄마들은 카메라를 끈 상태에서 채팅으로 참여하시는 분이 많았다(종종 실수로 오디오가 켜져서 귀여운 아가 울음소리가 들릴 때도 있는데 오히려 정겹다).

2. 챗북으로 독서 모임 맛보기

독서플랫폼에서 '챗북'이라는 것을 처음 발견하고 깜짝 놀랐다. 새로운 독서 체험 방식이었다. 긴 줄글을 읽기 힘들어하는 독서 입문자들을 위해 고안된 것 같은데 독서 모임의 간접 체험용으로도 괜찮아 보였다.

챗북은 책의 내용을 중심으로 저자나 책 속 등장인물, 혹은 가상의 독자 캐릭터들이 대화하는 형식으로 원작을 재가공한 전자책이다. 내용은 책에서 크게 벗어나지 않고, 화면 전개는 카톡 메시지를 엿보는 느낌으로 구현되어 있다. 재생 버튼을 누르면 대화 말풍선이 자연스럽게 위로 흘러가면서 새로운 메시지가 생성되고, 정지 버튼을 누르면 멈추니 내 속도에 맞춰서 읽을 수가 있다.

내가 처음으로 읽었던 챗북은 니체의 《짜라투스트라는 이렇게 말했다》였다. 니체를 읽고 싶었는데 난해하다는 소문에 미뤄두던 참이었다. 챗북으로 읽으면 좀 낫지 않을까 싶어 시도해봤는데 쉽고 재미있었다. 두 친구의 대화를 엿보는 형식이었는데, 마치 독서 모임에 참관하는 기분이 들었다. 덕분에 니체가 말하는 낙타, 초인에 대한 개념을 어렵지 않게 이해할 수 있었다.

3. 댓글로 하는 독서 모임

글로 하는 독서 모임도 존재한다. '그믐'이라는 온라인 북클럽 플랫폼으로 말보다 글이 편한 내향인이 편하게 접근할 수 있다. 주제 책을 놓고 댓글을 달면서 토론하는 방식인데 꽤 활성화돼 있다. 그룹 채팅으로 하는 온라인 독서 모임은 실시간 대화는 할 수 있어도 시간이 지나면 내용이 흘러가 버리는 점이 아쉽다. 또 뒤늦게 채팅방을 확인한 사람은 이미 대화 주제가 지나가 버려서 참여하기 어렵다. 하지만 댓글 형태의 토론은 실시간으로 참여하지 않아도 내가 편안한 시간에 접속해 천천히 글을 읽어보고 생각을 정제해서 댓글을 달며 토론할 수 있다. 직접 참여하지 않더라도 댓글 타래에서 배우는 점도 있다. 말솜씨나 순발력이 부족해도, 돈이 없어도 독서 모임을 할 수 있다.

어휘의 품격을 높여주는 단어장 만들기

성인 문해력 문제가 불거질 때마다 그 중심에는 어휘력 논란이 있었다. '사흘' '심심한 사과' '우천 시' 등의 뜻을 오해하는 웃지 못할 해프닝이 있었는데 언급되는 단어가 사실 어려운 수준은 아니다. 평상시 책을 가까이한 사람이라면 모르기 힘들 테고 이 책을 읽는 사람이라면 그 정도의 어휘는 모두 알고 있을 것이다. 높은 어휘력을 갈망하는 까닭은 그보다 고차원적이다. 대화를 나눌 때, 글을 쓸 때 고급스럽고 정확한 어휘를 구사하고 싶다. 상황에 딱 맞는 어휘를 능수능란하게 꺼내어 쓰는 사람이 부럽다. 그러나 책을 읽으면 어휘력이 좋아진다는데 효과를 잘 모르겠다.

책을 읽는 데도 어휘력이 부족하다는 생각이 든다면 이유는 크게 세 가지다. 책을 '충분히' 읽지 않았거나 '제대로' 읽지 않았거나 책에서 발견한 새로운 어휘를 '활용'하지 않았거나.

충분히 읽는다는 것은 독서의 양과 질의 확보를 뜻한다. 한 달 동안 힐링 에세이 한 권을 읽는 정도로 다양한 어휘를 습득하기는 힘들다. 독서 입문자가 한 분야에 치우쳐 읽는 것은 좋지 않은 신호다. 특별히 선호하는 분야가 있다는 것은 분명한 축복이지만(자신의 취향을 정확히 아는 사람은 흔치 않다) 너무 한 분야만 고집하면 내가 모르는 분야의 지식은 물론 새로운 어휘나 전문 용어를 익힐 기회가 없기 때문이다. 다시 말해 다양하고 고급스러운 어휘를 구사할 재료를 얻지 못한다. 독서가 아직 익숙지 않은 사람이라면 한 달에 두 권 정도를 목표로 삼되 문학, 역사, 사회과학, 자연과학, 예술, 경제 등 분야를 돌아가면서 읽으면 좋다.

책을 제대로 읽지 않았다는 것은 읽기 방법이 잘못됐다는 뜻이다. 겉핥기식으로 읽느라 저자가 의도한 깊이에 가닿지 못한 독서다. 모든 책을 정독해야 할 필요는 없지만 모든 책을 얕게 읽는 것은 더 나쁘다. 피상적으로 읽는 이유도 두 가지로 나눌 수 있다. 자신의 수준에 맞지 않는 책을 골랐을 경우, 이해했다 치고 넘어갈 때가 많다. 조금 더 읽다 보면 아는 내용이 나오지 않을까? 쉬워지지 않을까? 하는 기대로 읽기를 진행한다. 물론 그런 때도 있다. 어느 정도 맥락이 손에 잡혀야 다음 내용이 머릿속에 들어오는 식이다. 하지만 대충 지나친 분량이 너무 많다면 책을 올바로 이해했다고 하기 어렵다. 책을 덮었을 때 머리가 멍해지고 '내가 지금 뭘 읽었지' 하는 생각이 든다면 잘못 읽은 것이다.

 너무 빨리 읽어도 겉핥기가 된다. 그 기저에는 빠르게 읽고 또 다른 책을 점령하고 싶어 하는 조급함이 있다. 이 책을 읽었다고 남들에게 자랑하고 싶고, 스스로도 읽었다는 자긍심을 빨리 얻고 싶어 한다. 그러나 이런 경우 한 달만 지나도 기억 속에 남는 내용이 거의 없으니 오히려 시간 낭비만 한 꼴이 된다.

 제대로 읽는다는 것은 천천히 문장을 곱씹는 것이다. 그랬을 때 책의 내용을 온전히 소화할 뿐 아니라 새로운 어휘를 발견한다. 자동차 여행을 할 때는 보지 못했던 귀여운 길고양이를 산책하다가 발견하는 것과 같은 이치다. 내가 안다고 지나친 어휘를 다시 돌아보는 일은 속도를 늦췄을 때 비로소 가능하다.

 어휘력을 늘리고 싶으면 독서를 하면서 발견한 어휘를 따로 공부하기를 추천한다. 나는 독서를 하다가 생소한 단어를 만나길 기대하면서 읽는다. 얼마 전에는 '기연미연하다'라는 단어를 만났다. 국어사전 앱에서 찾아보니 '그런지 그렇지 않은지 분명하게 알지 못하다'라는 뜻을 지니고 있었다. 단어장에 저장도 해두었다. 그렇게 책에서 수집한 어휘는 저장만 해두는 게 아니라 실제로 활용했을 때 내 것이 된다. 내가 쓰는 글에 넣어서 써먹어 보기도 하고 말을 할 때도 일부러 내뱉어 본다. 온라인 국어사전에 들어가서 내가 찾은 단어가 어떤 단어로 대체되어 쓰이는지도 검색해본다.

'기연미연하다'의 유의어

- 아리송하다 — 흐리다, 희미하다, 가물가물하다, 알쏭달쏭하다, 어슴푸레하다, 어리숭하다…
- 불분명하다 — 미지근하다, 흐리터분하다, 모호하다, 불명확하다, 불확실하다, 어렴풋하다…
- 긴가민가하다 — 아리송하다, 알쏭달쏭하다, 불분명하다, 기연가미연가하다, 아령칙하다…
- 의사무사하다 — 긴가민가하다, 기연가미연가하다, 기연미연하다…

1차 유의어 5개, 2차 유의어까지 하면 51개가 검색된다. 유의어까지 함께 학습하면 머릿속에 더 잘 각인이 된다. 예문도 반드시 찾아본다.

그런데 돌이켜보니 내가 '기연미연하다'라는 단어를 어떤 책에서 발견했는지 벌써 기연미연하다. 이러니 어휘 공부는 해도 해도 끝이 없다.

적용하기

단어 하나를 정해서 유의어 5개를 조사해보고 단어장에 기록을 쌓아보자.

손으로 그리면서 읽는
그림 독서

룰루 밀러Lulu Miller의 《물고기는 존재하지 않는다》는 호불호가 심한 책이었다. 누군가는 '올해의 책'이라며 추켜세웠고 누군가는 지루해서 읽다가 포기했다며 고개를 저었다. 또 다른 이는 꾹 참고 끝까지 읽었는데 '그래서 어쩌라는 건지' 하는 허무함이 들었다고 했다. 소설인 줄 알고 읽다가 중반부가 넘어서야 논픽션이었음을 알았다는 글벗도 있었다. 도대체 어떤 책이길래 이토록 각양각색의 반응인지 읽어보기로 했다. 처음에는 전자책으로 읽었는데 50페이지를 넘기지 못했다. 혼란스럽고 집중이 잘 안 되어 그만두고 싶었다. 초반부만 넘기면 괜찮다는 사람들의 말에 다시 흔들려 종이책으로 주문했다(책을 좋아하는 사람들은 이상한 고집이 있다).

한 번의 실패 경험이 있어 이번에는 더욱 신중하게 읽기 시작했다. 독서 노트와 펜을 꺼냈다. 우선 '물고기가 왜 없다는 것일까?' 하는 의문을 시작으로 백지 가운데에 물고기 모양을 그렸다. 이야기가 진행되면서 등장하는 인물들에 대해 차근차근 조사하기 시작했다. 저자가 집요하게 파고드는 데이비드 스타 조던의 이름을 쓰고 그가 어떤 인물인지 인터넷에서 정보를 찾아 옆에 키워드를 적었다. 머릿속에서 이미지를 그리려면 지역의 위치도 대충은 알아야 했다. 구글맵에서 장소를 검색했다. 그가 지냈던 미국 매사추세츠주 해안으로부터 22km 떨어진 페니키스섬의 지도를 손으로 흉내 내 그려보았다. 그곳이 1900년대에는 나환자촌이었고 50년 후에는 새들의 피난처였으며 1970년대에는 문제아들의 교육기관, 그 후로는 헤로인 회복센터로 쓰이고 있다는 변천사도 연대순으로 기록했다. 인간과 동물, 식물과 바위 등 모든 자연물에 위계가 있다는 '신성한 사다리'를 설명하는 부분에서는 사다리 그림을 그려보기도 했다.

책에 등장하는 중요한 사건은 글자로만 정리하는 게 아니라 장면을 내 나름대로 그림을 그리면서 이해하려고 노력했다. 읽는 속도는 더뎠지만 어느덧 흥미로운 서사에 푹 빠져서 책을 즐기고 있었다. 저자가 묘사한 밤하늘에 쏟아질 듯한 별과 게, 잠자리, 뱀, 생쥐, 해파리, 굴이 가득한 해변의 모습이 내 머릿속에도 생생하게 재현됐다. 아름답고 감동적인 에필로그를 읽고 마지막 장을 덮으며 정말 읽기 잘했다는 만족감이 들었다. 내게 발상의 전환을 이룬, 손에 꼽을 정도로 좋은 책이었다.

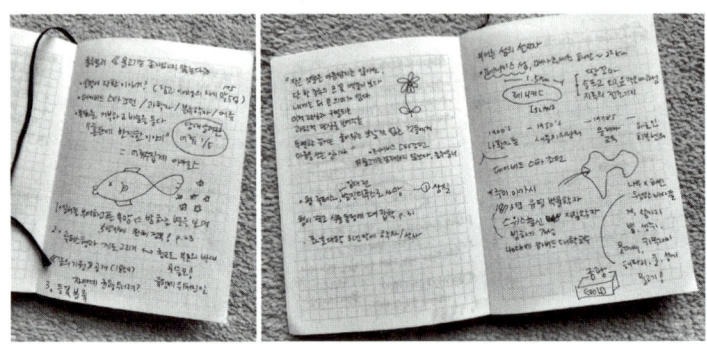

《물고기는 존재하지 않는다》에 활용한 그림 독서

장대한 세월을 다루는 장편 소설도 그림을 그리면서 읽으면 좋다. 등장인물이 많고 그들의 관계가 복잡할 때, 소설 초반부에 이를 정리해놓지 않으면 읽는 내내 헷갈리고 다시 찾아보아야 하는데 그러다가 피로해져서 읽기를 포기하는 경우까지 생긴다.

부커상 최종 후보에도 올라 뭇 독서인들을 설레게 했던 황석영의 《철도원 삼대》에는 제목처럼, 삼대에 걸쳐 철도원을 하는 가족의 이야기가 나오기 때문에 특히 관계 정리가 필요했다. 게다가 주인공인 이일철과 이이철, 이름까지 비슷하다. 또

한 주요 여성 인물들은 죽은 사람을 보는 능력이 있다는 공통점이 있고 이진오의 친구로 등장하는 이들은 별명으로도 불려 혼란스러웠다. 결국 인물 관계도를 디지털 마인드맵 프로그램 '알마인드'로 만들어서 종이로 출력했다.

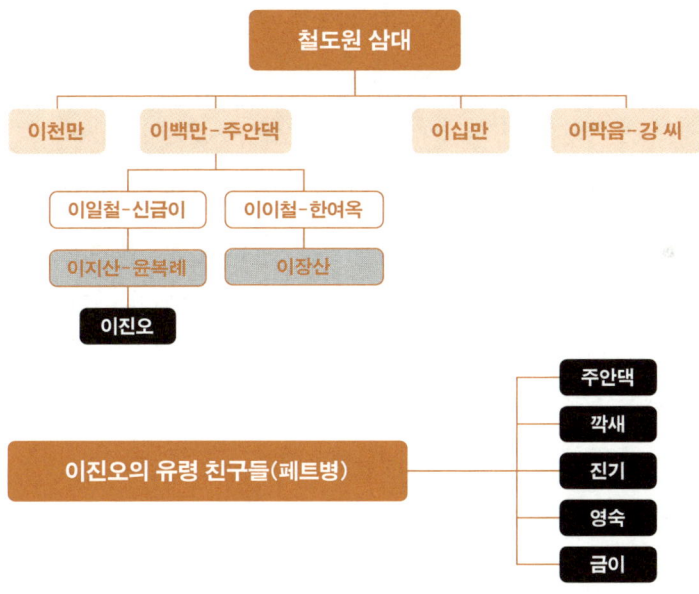

관계도를 만드는 과정에서 어느새 등장인물들이 익숙해졌고 헷갈릴 때 몇 번 확인하니 중반부에 들어서부터는 아예 보지 않고도 이해가 되었다.

나처럼 인물 관계가 헷갈리는 사람들이 많지 않을까 하여 나의 블로그에도 관계도를 올려놨는데, 지금까지도 많은 독자가 '철도원 삼대 인물 관계'로 검색해서 유입하고 있는 것을 보니 예상이 적중한 모양이다. 다른 사람들의 독서에 조금이라도 도움을 주었다니 뿌듯하다.

　역사책을 읽을 때는 연대표를 그리면서 시간의 순서를 가늠하면서 읽는다. 정확한 연도를 기억하기는 힘들어도 무엇이 먼저고 나중인지 정도는 손에 잡힌다.

　어떤 책이 어렵게 느껴진다면, 내용 자체의 어려움보다는 구조가 머릿속에 그려지지 않아서 그럴 때가 많다. 공간감과 일이 발생한 순서, 인물들의 관계가 파악되면 세부를 상상하기가 한결 쉽다. 그림을 그릴 때 연필로 먼저 밑그림을 그리는 것과 같은 이치다. 책 속의 문장을 그림으로 번역해보자. 책을 읽을 때는 독자도 되었다가, 화가도 되었다가, 번역가도 되어보는 거다. 손을 많이 사용할수록 책은 더욱 내 것이 된다.

나는 AI와 책을 읽는다

철학서에도 유행이 있는 것일까. 한동안 니체 열풍이 불더니 그 바통을 쇼펜하우어가 이어받았다. 먹고사는 문제와는 큰 관련이 없어 보이는 철학책이 꾸준히 사랑을 받는 이유가 궁금하다. 예측해보면 이렇다. 일단 폼이 난다. 지적 허영심, 과시용 독서라고 해도 상관없다. 누구나 한 번쯤 '니체 읽는 사람'이 되고 싶다.

한편으로는 주변에 조언을 구할 만한 인생 선배가 없는 탓일지도 모른다. 예전에는 학업을 마치면 취업, 그다음에 결혼과 육아 등 비슷비슷한 인생의 경로가 펼쳐져 나보다 앞서간 학교나 직장 선배 중에서 롤모델을 찾을 수 있었지만 지금은 달라졌다. 개개인의 삶이 너무나 다르고 시대 변화에 가속도가 붙으면서 그들이 걸어간 길은 구시대적으로 느껴지기도 한다. 더 이상 유의미한 참고자료가 되지 못하는 것이다. 각자가 답을 찾아야 하는 시대에는, 도리어 아주 오래 전부터 지금까지도 굳건하게 영향력을 유지하는 고전과 철학자가 더 믿음직스럽다.

인상부터 험상궂은(?) 쇼펜하우어가 오랜 기간 베스트셀러 자리를 차지하는 모습이 꽤나 못마땅했다. 한편으로는 요즘 시대에 어떤 호소력이 있는 것인지 호기심도 일었다. 나처럼 망설이는 사람들과 사유를 나누고 싶어서 독서 모임 도서로 쇼펜하우어를 읽기로 했다. 호기롭게 독서 모임 공지를 올렸는데 곧 어려움에 봉착했다. 안 그래도 쉽지 않은 철학인데, 쇼펜하우어의 책은 처음이라 내가 올바르게 이해했는지 확신이 들지 않았다. 한 번 개념이 막혀버리면 진도를 나가기가 힘들었다. 모임원들도 비슷한 고충을 토로했다. 쇼펜하우어를 잘 아는 누군가가 속 시원하게 강의라도 한 번 해줬으면 하는 바람이 들었다. 그때 내 머릿속을 스친 자가 있었으니 바로 생성형 인공지능 챗봇이었다.

'챗GPT 덕분에 몇 날 며칠이 걸릴 코딩을 20분 만에 해결했다' '까다로운 강의안을 5분 만에 완성했다' 등등 간증이 이어지던 때였다. 심지어 챗GPT가 썼다는 책이 출간되기도 했다. 그렇게 똑똑하다면 철학에도 일가견이 있으리라. 우선 내가 이해한 개념이 어느 정도나 정확한지부터 확인하고 싶었다.

나 : 쇼펜하우어가 말하는 '의지'는 열정, 본능과 비슷한 의미로 해석해도 괜찮을까?

인공지능 챗봇 : 네, 쇼펜하우어가 말하는 '의지Wille'를 열정이나 본능과 어느 정도 유사하게 해석할 수 있습니다. 하지만 그의 '의지'는 단순히 인간의 열정이나 본능에 국한되지 않고, 훨씬 더 넓고 근본적인 개념을 포함하고 있다는 점에서 차이가 있습니다.

- **근본적인 생명력** : 쇼펜하우어의 의지는 인간만의 열망이나 본능에 국한되지 않고, 우주의 근본적이고 보편적인 힘을 의미합니다. 이는 생명체의 본능적인 생존 욕구뿐만 아니라, 자연현상(예: 중력, 번식 본능)까지 포함합니다.
- **의지와 열정/본능의 관계** : 열정과 본능은 의지가 구체적인 형태로 인간과 동물의 행동에 나타나는 방식이라고 볼 수 있습니다. 예를 들어, 굶주림을 느끼고 음식을 찾으려는 본능, 사랑이나 성적 욕망과 같은 열정은 모두 쇼펜하우어가 말하는 의지가 인간 안에서 표현된 모습입니다.
- **의지의 맹목성** : 쇼펜하우어는 의지를 맹목적이고 비합리적

인 힘으로 간주했습니다. 즉, 의지는 이유나 목적 없이 계속해서 자신을 실현하려고 하는 힘이며, 이 과정에서 고통과 좌절이 필연적으로 따릅니다.
- **열정과 본능으로 해석하면 부족한 이유** : '열정'이나 '본능'은 보통 인간의 특정 행동 동기를 설명할 때 사용됩니다. 하지만 쇼펜하우어의 의지는 이보다 훨씬 근본적이고 철학적인 개념으로, 존재 그 자체를 움직이는 보편적 에너지를 가리킵니다.

결론적으로, 열정이나 본능과 비슷하게 해석하는 것은 적절하지만, 쇼펜하우어가 말하는 의지의 우주적이고 보편적인 성격을 간과하지 않는 것이 중요합니다. 즉, 의지는 인간 내면의 감정만이 아니라, 존재와 생명의 근원적 동력입니다.

기특하게도 하나를 물으면 그 후에 예상되는 궁금증까지 해결해줬다. 혹시나 오해할까 봐 간과해서는 안 되는 점까지 사려 깊게 짚어주었다. 잘 이해가 가지 않거나, 내가 해석한 방향이 맞는지 틀렸는지 혼란스러울 때 그와의 대화를 통해서 어느 정도 해소할 수 있었다. 때로는 의심스러워서 일부러 틀린 정보를 넣어서 물어보기도 했는데 그럴 때는 그 생각은 잘못됐다고, 아닌 건 아니라고 말해주기도 했다. 물론 100% 신뢰하기는 어렵겠지만 방향성을 파악하는 데에 도움이 되었고, 그 방향이 맞다는 확인은 다음 문장을 읽어가는 원동력이 되었다.

 익숙해지자 다른 책을 엮어서 활용해봤다. 한창 고전의 매력에 빠져 알베르 카뮈의 소설《이방인》과 아리스토텔레스의《니코마코스 윤리학》, 공자의《논어》를 동시에 읽고 있던 때였다. 엄마의 장례식장에서 눈물 한 방울 흘리지 않고, 햇볕이 눈이 부셔서 살인을 저지르는가 하면 자신의 사형 선고를 기꺼이 받아들이는《이방인》의 주인공 뫼르소를 좀처럼 이해하기 힘들었다. 과연 철학자들은 그를 어떻게 평가할지 궁금했다. 그래서 인공지능 챗봇에 다음과 같은 질문을 해보았다. 결과는 놀라웠다.

나 : 아리스토텔레스, 쇼펜하우어, 공자가《이방인》의 뫼르소를 평가하는 말을 각각 대화체로 만들어줘.

인공지능 챗봇 :
#아리스토텔레스
"뫼르소, 너의 행동은 이성과 덕을 따르지 않는구나. 인간은 이성을 통해 삶의 목적을 찾아야 하며, 덕을 실천함으로써 진정한 행복을 추구해야 한다네. 하지만 너는 감정에 무관심하고, 사회적 책임을 외면하고 있군. 이는 바람직한 삶의 방식이 아니야."

#쇼펜하우어
"뫼르소, 나는 네가 세상의 부조리함을 인식하고 있다는 점에서 이해할 수 있을 것 같네. 삶은 고통과 무의미함으로 가득 차 있지. 네가 세상에 무관심한 태도를 보이는 것은 어쩌면 자연스러운 반응일지도 모르겠군. 하지만 그럼에도 불구하고 삶의 고통을 극복하는 방법을 찾는 것이 중요하다고 생각하네."

#공자
"뫼르소, 너의 태도는 인간관계와 사회적 조화를 해치고 있네. 사람은 서로 도우며 살아가야 하고, 사회적 책임을 다해야 하네. 네가 무관심한 태도로 일관한다면, 이는 사회에 해를 끼치고, 결국 너 자신에게도 좋지 않을 것이야. 조화를 이루는 삶을 고민해보는 것이 어떻겠나?"

인공지능 챗봇은 순식간에 각 철학가가 중요하게 여기는 가치를 바탕으로 소설 속 주인공을 평가하고 충고하는 대화문을 만들어서 내놓았다. 챗봇을 창의적인 방식으로 활용하자 나는 지금 읽고 있는 소설뿐 아니라, 다른 철학서들의 핵심 사상을 복습하고 정리하는 효과까지 얻을 수 있었다!

한편으로는 내가 그처럼 각각의 철학가들의 사상을 녹여서 대화문을 만들어내지 못한다는 사실에 자괴감이 들기도 했다. 내가 인공지능만큼 책을 깊이 이해하지 못했다는 뜻처럼 느껴졌다. 하기야, 한 사람의 뇌가 빅데이터를 어떻게 따라가랴. 나는 받아들일 것은 받아들이고 더 좋은 질문과 활용법을 고민해보기로 했다. 이처럼 인공지능은 줄거리를 요약하는 데만 쓰이는 게 아니라 생산적인 독서 도구로 다양하게 활용될 수 있다. 거부감을 내려놓고 적극적으로 사용해보는 건 어떨까.

적용하기

챗GPT 등 생성형 인공지능 챗봇에게 책을 읽고 들었던 궁금증을 질문해보자.

태어난 김에 북튜버

과거에는 많은 사람이 자신의 이름으로 책 한 권 내고 싶다는 버킷리스트를 품고 있었다면, 요즘은 유튜브까지 확장된 듯싶다. 부와 명예를 떠나서 출간이나 유튜브 활동의 근본적인 동기는 내 이야기를 밖으로 꺼내놓고 싶어서 아닐까. 누구나 자신의 존재를 알리고 싶은 욕망이 있다. 실제로 자신의 이야기를 할 때 음식, 돈, 성과를 얻었을 때와 같이 뇌에서 도파민이 활성화된다는 연구 결과도 있다.

게다가 그 어느 때보다 개인이 콘텐츠를 만들어내기 쉬운 시대가 됐다. 마음만 먹으면 글쓰기 플랫폼, 독립출판, 크라우드 펀딩 등을 통해 책을 출간할 수 있고(팔리는 것과는 별개로), 스마트폰만 있으면 직접 찍은 영상을 앱으로 편집해 유튜브 계정에 올릴 수 있다.

  나도 꽤 오래전부터 유튜브 운영에 관심이 있었다. 글쓰기나 독서에 관심을 가진 사람들과 영상을 통해 소통하면 어떨까 하는 생각이었다. 아무래도 책보다 영상이 접촉하기 쉽고 문턱도 낮으니 말이다. 방송작가로 영상 구성하는 일을 십 년 넘게 했으니 가뿐하게 시작할 줄 알았는데 오히려 잘 만들어야 한다는 부담감이 커서 망설이고만 있었다.

  그러다가 한 교육 회사에서 내 글쓰기 책의 내용을 바탕으로 강의 영상을 만들면 어떻겠냐는 제안을 받았다. 강의 경험은 꽤 있어도 카메라 앞에서는 처음이었다. 청중도 없이 혼자서 몇 시간을 떠들어대야 하는, 그야말로 원맨쇼 아닌가. 그런데 따지고 보면 유튜브도 마찬가지였다. 어쩌면 예행 연습을 해볼 좋은 기회였다. 내가 썼던 글을 잘 정리해서 말로 풀면 되니 그리 어렵지 않을 줄 알았다.

  막상 시작하니 간단치 않았다. 20분짜리 강의 영상 10개를 촬영하기로 했는데 다른 일을 제쳐두고 한 달 내내 준비에 매달렸다. 시청자에게 강조할 핵심 내용을 추려야 했고 예시 문장이나 사례를 찾기 위해 문학작품이나 인문서들을 뒤적였다. 그렇게 찾은 자료들을 잘 엮어서 말맛을 살린 구어체 대본을 썼다. 과연 떨지 않고 제대로 말할 수 있을까. 연습삼아 스마트폰 녹화 버튼을 누른 뒤 준비한 내용을 차근차근 말로 풀어보았다. 앞에 놓인 것은 카메라지만 친구가 앉아 있다고 상상하고 설명했다. 버벅거리는 부분을 확인하며 매끄러운 표현으로 고치고 반복해서 촬영하다 보니 자연스레 내용이 머릿속에 각인이 되었다. 집에서 반복 연습을 한 덕분에 스튜디오에서의 강의 촬영도 무사히 마쳤다.

마치 내가 책을 소개하는 '북튜버'가 된 기분이었다. 이제 눈을 맞출 청중이 없어도 카메라를 보며 말할 수 있겠다는 자신감이 생겼다. 그 후, 실제로 나는 유튜브 계정을 만들고 글쓰기와 책 소개 콘텐츠를 제작해 몇 편 올려보기도 했다. 유튜브를 하면서 깨달은 점은 영상 콘텐츠를 만드는 전 과정─기획, 자료조사, 구성, 대본 쓰기, 말하기─은 인풋과 아웃풋이 조화로운 가장 완벽한 형태의 학습법이란 사실이었다.

예를 들어, 클레어 키건Claire Keegan의 두 소설 《이처럼 사소한 것들》과 《맡겨진 소녀》를 비교 분석하는 콘텐츠를 만든다고 가정해보자. 시청자가 어떤 점을 궁금해할지 고민해본다.

시청자의 궁금증 예상 목록

1. 각 소설의 간단한 줄거리
2. 각 소설의 매력(문체, 메시지, 분위기…)
3. 각 소설의 시대적 배경
4. 둘 중에 무얼 먼저 읽으면 좋을까?

5. 한 권만 추천해야 한다면?

이처럼 소주제를 떠올려본 후, 이를 중점적으로 책을 다시 읽으면서 분석하고 정리한다. 이미 읽은 책이기 때문에 두 번째 읽을 때는 부담 없이 훑어가며 읽을 수 있다. 책을 다시 읽어야 한다는 점에서는 인풋이지만, 단순히 정보를 받아들이는 게 아니라 능동적으로 스스로 질문을 던지고 답을 찾아야 하니 아웃풋이기도 하다. 분석한 내용을 글로 작성하면서 2차 아웃풋을 하고, 이를 그대로 보고 읽는 게 아니라 누군가에게 설명하듯이 자연스럽게 말하면서 3차 아웃풋에 이른다. 여러 번의 출력 과정이 내용을 더 오래 기억하게 만든다.

소설을 읽고 감동의 여운을 즐기는 것도 좋지만, 이처럼 직접 콘텐츠를 만들다 보면 분석력과 비판적인 시각까지 키울 수 있다. 쉬운 작업은 아니지만 해보면 꽤 재미있다. 원래 쉬운 일은 재미가 없는 법이다. 직업적인 유튜버라면 스트레스를 받을지도 모르겠으나 독서라는 취미의 새로운 형식으로, 단 한 명의 시청자가 봐도 상관없다는 기분으로 만들면 부담이 없다. 열심히 만들었는데 조회 수가 낮거나 구독자가 늘지 않아도 손해 볼일은 없다. 내가 좋아하는 책으로 영상 콘텐츠를 만들면서 즐거웠고, 책을 꼼꼼하게 복습하는 계기가 되었으니 말이다.

한 번이라도 좋다. 책을 좋아하는 사람이라면 북튜브 영상 만들기에 도전해보자. 분석, 비교, 가상 인터뷰 등 형식도 무궁무진하다. 기존 유튜버들의 콘텐츠를 참고해도 좋다. 혹시 자신도 몰랐던 재능을 발견할지도 모를 일이다. '어? 나 제법 북튜버 같은데' 하는 자신감이 든다면 독서 소비자에서 생산자로 나아갈 준비가 된 셈이다.

> **적용하기**
>
> 내가 북튜버라면 어떤 영상을 만들고 싶은가. 책 한 권을 정해 콘텐츠 개요를 작성해보자.

> 도끼 같은 책

후회 없는 결정을 만드는 과정

칩 히스, 댄 히스 《후회 없음》, 부키, 2022

'순대국밥이냐, 돈가스냐 그것이 문제로다.' 직장인이라면 매일 점심 메뉴 고민을 피할 수 없다. 살다 보면 이처럼 사소한 결정부터 큰 결심에 이르기까지, 끊임없이 선택의 순간에 마주친다. 인생은 선택의 연속이고 어떤 선택은 인생을 바꾸기도 한다. 결정을 고심하는 이유는 후회하고 싶지 않아서일 것이다. 후회하면서 배운다고는 하지만 후회는 최소화하고 싶은 것이 인지상정이다. 히스 형제의 《후회 없음》은 그 고충을 알고 도움을 주려는 책이다. 결정을 힘들어하는 사람, 취업이나 결혼처럼 중대한 결정을 앞둔 사람, 하는 일마다 후회가 많은 사람에게 이 책은 동아줄이 될 것이다.

저자는 올바른 결정을 하는 데 방해가 되는 4대 악당의 정체를 밝히고, 'WRAP프로세스'를 중심으로 우리가 어떠한 선택을 내릴 때 주의해야 할 점과 중시해야 할 점을 피력한다.

W : 선택지를 넓혀라 Widen your option
R : 가정을 검증하라 Reality-test your assumptions
A : 결정과 거리를 두라 Attain distance before deciding
P : 틀릴 때를 대비하라 Prepare to be wrong

빠지기 쉬운 첫 번째 함정은 둘 중 하나만 골라야 한다는 좁은 시야다. 두 마리 토끼를 잡다가 둘 다 놓치기도 하지만 때에 따라서는 두 마리 다 잡을 수도 있다. 예를 들어, 순대국밥과 돈가스 중에서 하나를 골라야 한다는 이분법적사고가 고민의 시작이다. 두 가지를 모두 맛볼 수 있는 푸드코트에 가서 두 메뉴를 시킨 뒤 동료와 나누어 먹는 선택지도 존재한다.

선택지를 더 넓혀보는 건 어떨까? 전날 술을 마셨으니 콩나물해장국이나 굴국밥을 후보에 넣으면 보다 만족스러운 결정이 될지도 모른다. 저자는 이사 갈 집을 고를 때나, 채용 면접을 볼 때처럼 중요한 결정을 앞두고 '아주 아주 마음에 드는 두 개의 선택지'가 나올 때까지는 후보를 두루 살펴보라고 권유한다. 확증편향에 빠지지 않도록 말이다.

오로지 내 경험 안에서만 결정해야 한다는 것도 좁은 식견이다. 저자는 널리고 널린 비슷한 선례를 찾으라고 말한다. 책에서 소개한 수영복 신소재 개발 뒷이야기가 흥미로웠다. 지금처럼 전신 수영복이 없던 때, 물의 저항을 덜 받는 신소재를 개발하려고 무진 애를 썼다고 한다. 마침내 수영 기록을 획기적으로 단축한 신소재를 개발한 기업이 있었는데 바로 '상어 가죽'에서 아이디어를 얻었다는 것. 무언가를 더 빠르게 만들려면 빨리 움직이는 것들에 시선을 돌려야 한다고 판단했고, 상어의 비늘 모양이 한쪽으로만 향해 있음을 발견했다. 진행 반대 방향에서 오는 물살을 막아주는 원리다. 꼭 나의 경험이 아니더라도 비슷한 맥락이나 선례에서 힌트를 얻을 수 있다는 사실을 새로이 알게 되었다.

지금 당장 모든 걸 결정해야 한다는 착각도 조심하기로 했다. 저자는 중대한 결정을 하기 전에는 가설을 검증해보는 몇 차례 작은 실험, '우칭Ooching'을 권한다. 쉽게 말해 발가락만 우선 담가보라는 거다. 진로를 결정할 때, 직감이나 풍문에만 의존하지 말고 직접 그 분야에서 아르바이트라도 해보고 적성이 맞는지 보라는 것이다. 위험부담을 안고 이사를 멀리 가야 한다면, 당장 집을 살 게 아니라 몇 달간 월세로 살면서 정말 살기 괜찮은 곳인지 미리 경험해보고 결정해도 늦지 않다는 것이다.

수지 웰치의 '10-10-10 법칙'을 적용해보라는 조언은 특히 유용했다. 우리의 결정을 세 가지 시간적 관점에서 바라보는 것이다.

나는 10분 후 이 결정이 어떻게 느껴질까?
10개월 후에는?
10년 후에는?

순대국밥과 돈가스 중 순대국밥을 택한 후 10분 후에는 후회할 수 있다. 하지만 10개월이나 10년 후에 '내가 그때 돈가스를 선택했어야 하는데' 하고 땅을 치며 후회할까? 책을 읽으면서 나 역시 쓸데없는 고민으로 시간을 버리고, 확증편향(답을 정해놓고 유리한 조건만 찾는 행위)에 빠져 잘못된 결정을 내리는 인간임을 인정할 수밖에 없었다. 감정에 휘둘리지 않고 선택하는 더 명쾌한 요령도 있다. 상황에서 약간의 거리를 두는 것이다. "만일 나와 가장 가까운 친구가 같은 상황에 처했다면 뭐라고 조언할까?"

이처럼 《후회 없음》은 우리가 어떤 선택을 할 때 좀 더 현명하고 자신 있게 결정할 수 있도록 다양한 사례를 들어 설명한다. 개인뿐 아니라 기업에서 의사결정을 할 때도 어떤 과정을 거쳐야 안전한지 참고할 만한 정보가 가득하다.

어떤 결정을 내릴 때 분석에만 매몰되지 말고 분석하는 과정에 결함이 없었는지 잘 살피라는 교훈은 등잔 밑이 어둡다는 사실을 다시 한번 일깨웠다. 이 책을 읽고 가장 유익했던 점은 '후회 없음'이 아니라 내가 내린 결정에 믿음이 생겼다는 것이다.

에필로그

당신과 평생 함께할
독서를 꿈꾸며

10분 남짓한 웹드라마가 한동안 인기를 끌더니 요즘은 30초짜리 숏폼이 강세입니다. 집중력의 시간만큼 점점 더 짧은 호흡의 이야기를 찾게 되는 것이죠. 게다가 흥미로운 콘텐츠가 빠른 속도로 불어나니 그것을 놓칠까 봐 초조합니다. 조금이라도 빨리 결론을 알고 싶음은 물론이고요. 그러한 탐욕 속에는 과정은 무시하고 결과만 중시하는 배경이 깔려있습니다.

독서는 이와 반대입니다. 결과가 아니라 과정을 즐기는 행위입니다. 한 권의 책을 끝내려면 시간을 꽤 들여야 합니다. 시간은 생명이기도 하죠. 내 소중한 삶의 일부를 떼어서 책을 읽는 겁니다. 그렇다면 그 순간이 정말 재미있거나 유익해야 하지 않을까요. 앞서 소개한 '평생 독서법'이 여러분의 시간을 가치 있게 만들어주고, 그리하여 과정까지도 즐길 수 있게 도와주길 바랍니다.

공자의 《논어》 자한 편에는 이런 말이 나옵니다.

"譬如爲山비여위산, 未成一簣미성일궤, 止지, 吾止也오지야, 譬如平地비여평지, 雖覆一簣수복일궤, 進진, 吾往也오왕야."

이 말은, 한 삼태기의 흙만 보태면 산이 되더라도 내가 멈추면 모든 것은 중지되고, 평지에 이제 겨우 한 삼태기의 흙만 쌓았다고 해도 실행하면 전진한다는 뜻입니다. 지금껏 꾸준히 해왔어도 그만두면 허사이고, 아무것도 가진 게 없는 상태라도 시작하는 순간 가능성이 열린다는 것이죠.

독서라고 다를까요. 이미 책을 술술 읽는 지식 고수들 사이에서 첫발을 내딛는 지금이 초라하게 느껴질 수도 있습니다. 다시 한번 강조하지만, 독서는 성과를 내는 일이 아니니 안심하세요. 그저 매일 밥을 챙겨 먹듯이 독서가 삶의 일부고 과정이면 좋겠습니다. 당신은 지금 멈추어 있나요, 아니면 나아가고 있나요?

다시 시작하는 평생 독서법

초판 발행 · 2025년 9월 3일

지은이 · 김선영(글밥)
발행인 · 이종원
발행처 · (주)도서출판 길벗
브랜드 · 더퀘스트
출판사 등록일 · 1990년 12월 24일
주소 · 서울시 마포구 월드컵로 10길 56 (서교동)
대표전화 · 02) 332-0931 | **팩스** · 02) 323-0586
홈페이지 · www.gilbut.co.kr | **이메일** · gilbut@gilbut.co.kr
대량구매 및 납품 문의 · 02)330-9708

기획 및 책임편집 · 허윤정(rosebud@gilbut.co.kr) | **제작** · 이준호, 손일순, 이진혁
마케팅 · 정경원, 김선영, 정지연, 이지원, 이지현 | **유통혁신** · 한준희
영업관리 · 김명자, 심선숙 | **독자지원** · 윤정아

디자인 · 데일리루틴 | **교정교열** · 허유진 | **CTP 출력 및 인쇄** · 예림인쇄 | **제본** · 예림바인딩

· 더퀘스트는 (주)도서출판 길벗의 인문교양·비즈니스 단행본 브랜드입니다.
· 이 책은 저작권법의 보호를 받는 저작물로 이 책에 실린 모든 내용, 디자인, 이미지, 편집 구성은
  허락 없이 복제하거나 다른 매체에 옮겨 실을 수 없습니다.
· 인공지능(AI) 기술 또는 시스템을 훈련하기 위해 이 책의 전체 내용은 물론 일부 문장도 사용하는 것을 금지합니다.
· 잘못 만든 책은 구입한 서점에서 바꿔 드립니다.

ISBN 979-11-407-1540-4(03190)
(길벗 도서번호 040283)

정가 17,500원

독자의 1초까지 아껴주는 정성 길벗출판사
(주)도서출판 길벗 | IT단행본, 성인어학, 교과서, 수험서, 경제경영, 교양, 자녀교육, 취미실용 **www.gilbut.co.kr**
길벗스쿨 | 국어학습, 수학학습, 주니어어학, 어린이단행본, 학습단행본 **www.gilbutschool.co.kr**
인스타그램 · thequest_book | **페이스북** · thequestzigi | **네이버포스트** · thequestbook